CB059012

Soluções do Mercado de Capitais para o Crescimento Sustentado

Carlos Antonio Rocca
(Organizador)

Soluções do Mercado de Capitais para o Crescimento Sustentado

José Carlos Miranda • Mauro Arruda • Francisco Anuatti Neto e Rudinei Toneto Jr.
Claudio Augusto Bonomi • José Barreto da Silva Netto e Renato Pinheiro Jabur
Pedro Klumb • Luciano de Burlet • Francisco Antunes Maciel Müssnich • Alvaro Bandeira

JOSÉ OLYMPIO
EDITORA

© *Instituto Brasileiro de Mercado de Capitais, Ibmec, 2004*

Reservam-se os direitos desta edição à
EDITORA JOSÉ OLYMPIO LTDA.
Rua Argentina, 171 – 1º andar – São Cristóvão
20921-380 – Rio de Janeiro, RJ – República Federativa do Brasil
Tel.: (21) 2585-2060   Fax: (21) 2585-2086
Printed in Brazil / Impresso no Brasil

Atendemos pelo Reembolso Postal

ISBN 85-03-00822-X

Capa: ISABELLA PERROTTA / HYBRIS DESIGN

CIP-Brasil. Catalogação-na-fonte
Sindicato Nacional dos Editores de Livros, RJ.

R566s
Rocca, Carlos Antonio, 1940-
　　Soluções do mercado de capitais para o crescimento sustentado / Carlos Antonio Rocca (organizador) – Rio de Janeiro: José Olympio, 2004.
　　. – (Estudos IBMEC; 3)

　　Sumário Executivo do II Encontro Codemec – Comitê para o Desenvolvimento do Mercado de Capitais, realizado nos dias 17 e 18 de setembro de 2003, na BOVESPA e no BNDES
　　ISBN 85-03-00822-X

　　1. Mercado de capitais. 2. Brasil – Condições econômicas. 3. Desenvolvimento econômico – Brasil. I. Título. II. Série.

04-0994
CDD – 332.320981
CDU – 336.76(81)

SUMÁRIO

BREVE APRESENTAÇÃO 7
João Paulo dos Reis Velloso

INTRODUÇÃO 11
Carlos Antonio Rocca

SOLUÇÕES DO MERCADO DE CAPITAIS
PARA O CRESCIMENTO SUSTENTADO
Sumário Executivo

CAPÍTULO 1
ORIGENS E OBJETIVOS DO II ENCONTRO CODEMEC 19

CAPÍTULO II
CONTRIBUIÇÃO DO MERCADO DE CAPITAIS PARA A RETOMADA DO CRESCIMENTO 25

CAPÍTULO III
CONCLUSÕES E RECOMENDAÇÕES DO ENCONTRO: DESTAQUES 35

CAPÍTULO IV
APRESENTAÇÕES GERAIS   43

CAPÍTULO V
FUNDOS DE *VENTURE CAPITAL* E *PRIVATE EQUITY*   55

CAPÍTULO VI
SECURITIZAÇÃO DE RECEBÍVEIS, FUNDOS DE RECEBÍVEIS   69

CAPÍTULO VII
FINANCIAMENTO DE PROJETOS DE INVESTIMENTO E INFRA-ESTRUTURA; *PROJECT FINANCE;* PP — PARCERIA PÚBLICO-PRIVADA   87

CAPÍTULO VIII
SISTEMA DE DISTRIBUIÇÃO: MERCADO SECUNDÁRIO E DERIVATIVOS   109

ANEXOS   115
I — Palestrantes e debatedores do II Encontro Codemec   117
II — Textos   123

Breve apresentação
*João Paulo dos Reis Velloso**

---
*Presidente do Ibmec — Instituto Brasileiro de Mercado de Capitais.

O QUE EU GOSTARIA de dizer sobre o conteúdo deste Sumário Executivo do II Encontro Codemec já está, essencialmente, na apresentação feita pelo Carlos Rocca.

Mas vale a pena conceituar dois pontos.

O primeiro é a importância do referido Encontro, que, em dois dias de discussões, permitiu fazer um balanço dos novos mecanismos do mercado de capitais, com a participação de especialistas do setor e de representantes dos ministérios da Fazenda e Planejamento, e da CVM, IFC, BNDES, BC, Susep, Sebrae.

O segundo é a grande relevância do mercado de capitais, que hoje tem o seu Plano Diretor, para o crescimento sustentado, e, principalmente, dentro dele, para o financiamento do investimento privado.

Continua o Ibmec-Mercado de Capitais, desta forma, desempenhando bem a sua função de conduzir a operação do Codemec, que é o comitê técnico do referido Plano Diretor.

Na oportunidade, desejamos manifestar os nossos agradecimentos ao Rocca, como coordenador-técnico do Codemec, e a todas as instituições que fazem parte do citado comitê técnico.

Introdução

*Carlos Antonio Rocca**

---
*Coordenador técnico.

O OBJETIVO deste documento é sistematizar e condensar as principais contribuições e propostas apresentadas por mais de 40 participantes (Anexo 1) do II Encontro Codemec — Comitê para o Desenvolvimento do Mercado de Capitais — entidade criada para dar suporte técnico e manter a atualização do Plano Diretor do Mercado de Capitais, sediada no Ibmec, e da qual participam todas as entidades signatárias desse plano.

O II Encontro Codemec, focado no tema "soluções do mercado de capitais para a retomada do crescimento", foi realizado nos dias 17 e 18 de setembro de 2003, respectivamente nos auditórios da Bovespa e do BNDES. Esse evento, que se insere na atual programação do Ibmec (Instituto Brasileiro de Mercado de Capitais), foi organizado pela Coordenação Técnica do Codemec, sob a inspiração do presidente do Conselho Diretor, João Paulo dos Reis Velloso e com a supervisão de seu vice-presidente executivo Enio de Carvalho Rodrigues. Essa programação foi iniciada em 2001 com a realização de um diagnóstico do mercado de capitais brasileiro[1] e teve seqüência com a promoção de uma parceria com a Abamec, que adotou o referido trabalho como base técnica de seu congresso de 2002, do que resultou a elaboração do Plano Diretor do Mercado de

---

[1] ROCCA, C. A. (2001). *Soluções para o desenvolvimento do mercado e capitais brasileiro*. Estudos Ibmec 1. Rio de Janeiro: José Olympio.

Capitais,[2] hoje subscrito por mais de 40 entidades representativas do setor privado. Em fevereiro de 2003, fruto de reuniões mantidas com a equipe econômica do governo, foi realizado o I Encontro Codemec, que promoveu a discussão e a formulação de propostas voltadas para reforma da Previdência.

O II Encontro foi organizado na forma de mesas-redondas e contou com quatro painéis:

Painel 1:   Fundos de *venture capital*, *private equity* e fundos setoriais
Painel 2:   Securitização de recebíveis; fundos de recebíveis
Painel 3:   Financiamento de projetos de investimento e infra-estrutura; *project finance*; PPP
Painel 4:   Sistema de distribuição, mercado secundário e derivativos

O programa foi complementado por duas apresentações de responsabilidade da Coordenação Técnica do Codemec. A primeira foi feita na abertura do Encontro (Retomada do Crescimento e Mercado de Capitais), visando fazer uma colocação geral dos temas e um dimensionamento do potencial do mercado de capitais para financiar a retomada do crescimento. No encerramento dos trabalhos foi feito um primeiro resumo de conclusões e recomendações.

Deve-se registrar o reconhecimento do Ibmec a todos os palestrantes e debatedores que valorizaram o Encontro com sua presença, suas propostas e opiniões. Trata-se de um conjunto de destacados profissionais e pesquisadores que estão entre os mais competentes e experientes conhecedores do mercado de capitais brasileiro, os quais generosamente destinaram considerável parcela de seu precioso tempo para preparar suas apresentações e participar do evento. O En-

---

[2]ROCCA, C. A. (2002). *Plano Diretor do Mercado de Capitais 2002 — Texto integral e bases conceituais*. Estudos Ibmec 2. Rio de Janeiro: José Olympio.

contro contou com o inestimável apoio da Bovespa, em especial de Gilberto Mifano e Sérgio Cerqueira, e do BNDES, com Sérgio Weguelin e João Carlos Cavalcanti, na organização e operacionalização do evento, além da cessão de seus auditórios e do almoço oferecido a todos os participantes.

Este Sumário Executivo, que é de responsabilidade do coordenador técnico do Codemec, foi desenvolvido com base no material utilizado por palestrantes e debatedores em suas apresentações (tipicamente sob a forma de Power Point), complementado eventualmente por apontamentos e conversas informais mantidas com os mesmos. No Anexo II são incluídos os textos correspondentes às apresentações feitas no evento e que foram disponibilizadas pelos expositores e debatedores.

Deve-se reconhecer desde já que este trabalho tem as limitações próprias de um exercício de síntese e sistematização aplicado sobre o conteúdo de dezenas de trabalhos, que entretanto podem ser superadas com o acesso à íntegra das apresentações e textos, disponíveis no site do Ibmec — www.ibmec.org.br.

Soluções do Mercado de Capitais para o Crescimento Sustentado

Sumário Executivo

*Carlos Antonio Rocca**

*Coordenador técnico.

CAPÍTULO I
Origens e objetivos do II Encontro Codemec

Na terceira reunião do Codemec — Comitê para o Desenvolvimento do Mercado de Capitais, realizada em abril de 2003, foi aprovada a realização de eventos de natureza técnica, focados em alguns temas básicos.

Um desses temas diz respeito às soluções do mercado de capitais para a oferta de condições de financiamento compatíveis com a retomada sustentada de crescimento da economia brasileira. A percepção da relevância do volume de recursos que podem ser mobilizados e direcionados pelos instrumentos e mecanismos do mercado de capitais tem por base as seguintes observações:

a) O debate recente em torno da política monetária e suas implicações sobre o crescimento econômico tem o mérito de difundir a percepção de que a redução da taxa básica de juros é condição necessária, mas não suficiente para trazer o custo do capital a níveis mais próximos dos observados no plano internacional e compatíveis com a taxa de retorno das atividades produtivas.

b) No crédito bancário, a evidência disponível mostra que existe um longo caminho a ser percorrido para a redução dos *spreads*, envolvendo redução de compulsórios e da cunha fiscal, redução de perdas por inadimplência, melhor avaliação do risco de crédito, aumento da capacidade de recuperação de créditos com maior eficácia de contratos e mecanismos de cobrança, nova lei de falências — além da redução de custos do sistema bancário e aumento da competição; é de se notar ainda que a redução de perdas por inadimplência e a própria ampliação significativa do crédito ao setor privado dependem fortemente da redução das assimetrias de informação introduzidas pela prevalência e crescimento de participação de um número crescente de empresas na economia informal, dificultando enormemente a avaliação do risco de crédito, que nesse contexto permanece um processo artesanal, caro e ineficiente.

c) A experiência internacional das últimas duas décadas mostra que a modernização dos sistemas financeiros das economias mais bem-sucedidas tem sido acompanhada de acentuado crescimento do mercado de capitais, com o forte aumento da importância de investidores institucionais (fundos de previdência fechada e aberta, fundos de investimento, companhias de seguros) e outros mecanismos e instrumentos de mobilização e direcionamento de recursos, em paralelo com modos mais eficientes de administração e distribuição de riscos.

d) O resultado final tem sido uma dramática redução de custos de capital, aumento de concorrência nos mercados de crédito, com a queda de *spreads* e custos de intermediação, de modo que sistemas financeiros eficientes (sistema bancário e mercados de capitais) passam a constituir fator relevante na determinação de taxas de crescimento econômico e de competitividade internacional; ao mesmo tempo, amplia-se o leque de alternativas de financiamento disponíveis, na forma de capital de risco e de empréstimo, inclusive em circunstâncias mais complexas, de maior risco e prazo mais longo, como é o caso de empresas emergentes, projetos de investimento, infra-estrutura e financiamento habitacional.

e) Nos últimos anos vários fatores de crescimento do mercado de capitais têm avançado consideravelmente no Brasil, com acentuação do processo de institucionalização da poupança e progressos consistentes na regulamentação de instrumentos e mecanismos de mercado, inclusive quanto à proteção ao investidor; a continuidade da queda da taxa de juros e implementação das metas de redução do coeficiente de dívida pública sobre o PIB abrem um enorme potencial de oportunidades para a colocação de papéis e fundos voltados ao financiamento do investimento, da produção e do consumo, condição necessária para a retomada do crescimento.

f) Além da possibilidade de explorar em curto prazo esse potencial em benefício da retomada do crescimento e geração de empregos, com aumento da eficiência de alocação de recursos da economia, os mecanismos de mercado de capitais promovem a democratização de oportunidades e do capital, o acesso direto das empresas à poupança institucional e individual e ampla participação social na governança das empresas.

Com essas bases, foram definidos os seguintes objetivos do Encontro:

a) Analisar as condições de financiamento dos investimentos, hoje um dos principais obstáculos à retomada do crescimento.
b) Examinar as alternativas e o potencial do mercado de capitais para a mobilização e alocação de recursos visando o financiamento dos investimentos, da produção e do consumo.
c) Identificar ações imediatas para a implementação e exploração do potencial das soluções do mercado de capitais para a retomada do crescimento.

As propostas formuladas no Encontro serão submetidas ao debate no âmbito do Codemec, do qual participam todos os signatários do Plano Diretor do Mercado de Capitais, visando sua inclusão no conjunto de ações específicas recomendadas naquele plano.

Capítulo II
Contribuição do mercado de capitais para a retomada do crescimento

MAIORIA DAS EMPRESAS NÃO TEM CONDIÇÕES ADEQUADAS DE FINANCIAMENTO: OBSTÁCULO À RETOMADA DO CRESCIMENTO[1]

A retomada do crescimento sustentado, com preservação da estabilidade de preços e equilíbrio externo, constitui o maior desafio da economia brasileira, assim como é condição necessária para geração de empregos e de recursos para atender amplas demandas sociais. Entre outras razões, a própria situação das contas públicas faz com que essa retomada deva ser liderada pelo investimento privado, especialmente dirigido ao aumento da produção e da produtividade dos setores de bens comercializáveis, visando rápida ampliação das exportações e da taxa de abertura da economia brasileira. De um modo sumário, pode-se dizer que o aumento de investimentos privados depende de pelo menos três fatores básicos: custo de capital, confiança nas instituições (proteção ao investidor, incluindo por exemplo, direito de propriedade, marco regulatório, cumprimento e *enforcement* dos contratos) e expectativas de crescimento do país.

---
[1]Texto baseado na apresentação de Carlos Antonio Rocca na abertura do II Encontro, sob o tema "Retomada do crescimento e o mercado de capitais".

Verifica-se que o custo de capital e, de um modo geral, as condições de financiamento do setor produtivo brasileiro constituem hoje um obstáculo fundamental à retomada dos investimentos, além de comprometer a competitividade das empresas brasileiras frente a concorrentes internacionais com acesso a recursos em condições extremamente favoráveis.

Somente um pequeno segmento, constituído das empresas multinacionais e maiores empresas nacionais, tem acesso a recursos de bancos e mercado de capitais. Mesmo entre as empresas de capital aberto, somente as 20% maiores utilizam de modo significativo recursos captados junto a bancos e mercado de capitais. A grande maioria das empresas nacionais depende quase exclusivamente de seus recursos próprios para investir em escala e tecnologia, e se defronta com custos de capital muito superiores à taxa de retorno dos investimentos produtivos, situação essa refletida no pequeno volume de crédito ao setor privado (23% do PIB em 2002) e na participação irrisória do mercado de capitais na formação bruta de capital fixo.

MERCADO DE CAPITAIS BRASILEIRO TEM POTENCIAL PARA FINANCIAR PARCELA CONSIDERÁVEL DOS INVESTIMENTOS

Nos últimos anos, observa-se um crescimento notável da institucionalização da poupança. Trata-se de um processo que na experiência internacional tem acompanhado o desenvolvimento do mercado de capitais, no qual uma parcela cada vez maior da poupança financeira é captada por investidores institucionais, destacando-se fundos fechados e abertos de previdência, fundos mútuos de investimento e companhias de seguros.

O saldo consolidado de recursos administrados por essas entidades elevou-se de cerca de 21% do PIB em 1996 para mais de 35% do PIB em 2002. Nas condições atuais, cerca de 2/3 desses recursos estão aplicados em títulos públicos, enquanto ações e títulos de dívida privados representam menos de 15% do total. Entretanto, existem razões para acreditar na existência de um grande potencial de recursos cuja destinação será a aquisição de papéis privados:

a) A manutenção da tendência de crescimento do estoque de recursos dos investidores institucionais como percentagem do PIB permite projetar sua elevação dos 35% atuais para cerca de 52% em cinco anos.
b) Nesse período, as metas de endividamento público implicam a redução do saldo de dívida em relação ao PIB; mesmo adotando a hipótese de sua estabilização, é forçoso reconhecer que, na margem, todo o crescimento do volume de recursos buscará aplicações em papéis privados.
c) Mesmo desconsiderando o fluxo de poupança financeira mobilizado por outros canais que não os mencionados investidores institucionais, pode-se então admitir um fluxo anual médio dirigido à compra de papéis privados da ordem de 3,4% do PIB, entre 2004 e 2008; em valor absoluto trata-se de mais de R$ 50 bilhões já em 2004.
d) Assumindo uma taxa de investimentos da ordem de 20%, esses recursos podem representar algo em torno de 17% da formação bruta de capital fixo; esse porcentual é extremamente significativo e se compara favoravelmente com a participação do mercado de capitais no financiamento de investimentos nos países em que esse mercado é desenvolvido.

VÁRIOS OBSTÁCULOS AO DESENVOLVIMENTO DO MERCADO DE CAPITAIS TÊM SIDO SUPERADOS

O diagnóstico realizado no trabalho Estudos Ibmec 1, em 2001, identificou os principais obstáculos ao desenvolvimento e funcionalidade do mercado de capitais brasileiro:

a) Taxas de juros básicas elevadas.
b) Proteção insuficiente ao investidor, como acionista ou credor.
c) Distorções do sistema tributário: especialmente o impacto da CPMF sobre o custo de transação, a incidência de imposto de renda na fase de acumulação dos planos de previdência, não-discriminação de aplicações de curto e longo prazos e tributação uniforme para renda fixa e variável.
d) Carga tributária potencial elevada (entre 55% e 60%) discrimina empresas abertas e incentiva economia informal; esta dificulta avaliação de risco de crédito bancário, eleva riscos e *spreads*, e limita uso de instrumentos do mercado de capitais, onde transparência é condição básica de eficiência.
e) Organização de mercados e instrumentos deficientes, especialmente quanto à formação de preços e liquidez do mercado secundário de renda fixa.
f) Obstáculos culturais: experiência histórica negativa; cultura de empresa familiar, controle concentrado; tradição de renda fixa liderada por títulos públicos.

Entretanto, nos últimos dois anos, vários desses obstáculos têm sido reduzidos ou eliminados, ou são objeto de programas em andamento, como resultado de avanços significativos da política macroeconômica, da legislação e de novos regulamentos emitidos pela CVM, CMN e Banco Central, além de iniciativas de auto-regulação, como é o caso da Bovespa, Anbid, Andima e outras entidades do setor privado:

1) Taxa de juros
   — Política fiscal conservadora e geração de superávits primários criam condições para queda consistente da taxa de juros.
   — Meta de redução de dívida pública: expectativa de liberação de recursos para o setor privado.
   — Superávit comercial reduz vulnerabilidade externa e contribui para redução do risco-país.

2) Proteção a investidores
   — Nova lei das S.A.
   — Novo mercado Bovespa.
   — Comitê de arbitragem (decisão do STF).
   — Divulgação e uso de informações — fato relevante.
   — Nova disciplina e procedimento de ofertas públicas de compra.
   — Gestão de recursos, governança, transparência em investimentos institucionais: EFPCs, EAPCs, fundos mútuos (CMN, SPC, Susep).
   — Auto-regulação: Bovespa, Anbid, Andima, Abrapp, IBCG, Ibri.

3) Tributação
   — Emenda 37/2002: eliminou a CPMF de transações com ações e índices de ações em bolsa; operações de securitizadoras e de créditos imobiliários.

4) Organização de mercados e instrumentos
   — Leis e reforma da previdência: instituidores de fundos de pensão, previdência complementar para funcionários públicos.
   — Mercado de renda fixa: Bovespa Fix.
   — Sistemas desenvolvidos pela Cetip no mercado de renda fixa.
   — Leilão de *bookbuilding* — Cetip.
   — Leilão de *bookbuilding* — Bovespa.
   — Formador de mercado (*market maker*).
   — Fundos de investimento em direitos creditórios (FDIC).
   — Fundos de investimento em participações (FIPs).
   — Criação da Timbre para desenvolver o mercado de Cessão de Direitos Creditórios (Andima).
   — Criação da Cédula de Crédito Bancário e o Certificado de Cédula de Crédito Bancário.
   — Operações de derivativos de créditos por instituições financeiras.
   — Centralização da regulamentação e fiscalização de fundos de investimentos (renda fixa e variável) na CVM.
   — Auto-regulação: proposta do Comitê Brasileiro de Normas Contábeis.
   — Desenvolvimento dos mercados secundários de títulos de dívida e outros instrumentos.

Novas medidas cuja adoção deverá ser formalizada brevemente:
   — Nova Lei de Falências.
   — Debêntures padronizadas — avanço fundamental para formação de preços e desenvolvimento de liquidez no mercado secundário (CVM).
   — Registro e exigências diferenciadas — conforme tamanho da empresa e tamanho e tipo de emissão (CVM).

5) Obstáculos culturais
    — Programas da Bovespa — popularização do mercado de ações.
    — Criação da INI — Instituto Nacional de Investidores.

6) Definição de prioridade
    — Criação do Grupo de Trabalho do Mercado de Capitais e da Poupança de Longo Prazo (AGOSTO DE 2003).

Outros obstáculos são objeto de propostas de ações específicas contidas no Plano Diretor de Mercado de Capitais, cuja implementação envolve os esforços de todas as entidades signatárias, sob a liderança do Comitê de Coordenação do Plano Diretor.
Entre essas propostas destacam-se:

1) Proteção a investidores
    — *Enforcement* de lei e contratos, agilização dos procedimentos de cobrança.
    — Órgãos reguladores.
    — Poder Judiciário.

2) Sistema tributário: isonomia competitiva
    — Redução da carga tributária potencial e recuperação da economia formal; redução de alíquotas e ampliação da base de contribuintes:
        • eliminar incentivo para economia informal;
        • acesso do setor produtivo a crédito e mercado de capitais.
    — Eliminação da CPMF ou redução de sua alíquota para um valor simbólico em todas as transações de títulos de valores mobiliários realizados em bolsa ou mercado de balcão organizado.

— IR: eliminar a incidência na fase de acumulação de planos de previdência; diferenciar aplicações de curto e longo prazos.
— IR diferenciado entre renda fixa e variável.

CAPÍTULO III

Conclusões e recomendações do Encontro: destaques

Entre as principais constatações, recomendações e propostas formuladas durante o Encontro, algumas devem ser destacadas.

CONSTATAÇÃO

O mercado de capitais, através de inúmeros instrumentos e mecanismos, tem enorme potencial de mobilização e alocação de recursos, em condições de assumir papel estratégico na retomada do crescimento sustentado da economia brasileira e na democratização de oportunidades e do capital.

A exploração desse potencial requer a criação de condições compatíveis com a recuperação da funcionalidade e eficiência do sistema financeiro como um todo, aí considerados os mercados de crédito, financeiro e de capitais. Além da preservação de condições macroeconômicas favoráveis, essa tarefa inclui mudanças no sistema tributário, na gestão da dívida pública e nas instituições e mecanismos que garantem a proteção ao investidor e redução dos custos de transação, com o objetivo de aumentar a eficiência alocativa e da distribuição nesses mercados, com o resultado de reduzir os custos de capital e alongar os prazos.

CONCLUSÕES E RECOMENDAÇÕES

Além de propostas específicas para a exploração do potencial dos mecanismos e instrumentos analisados no Encontro, os quais de um modo geral já têm ou estão em vias de dispor de base legal e regulamentar adequadas, foram identificados alguns obstáculos que, se não forem superados, comprometerão a funcionalidade do mercado de capitais e a própria retomada do crescimento.

1) CPMF

A incidência de CPMF, onerando cada transação em 0,38% nas transações envolvendo todos os ativos e valores mobiliários de renda fixa e quotas de fundos fechados, inclusive aquelas realizadas em bolsa e mercados de balcão organizados, inviabiliza o desenvolvimento de mercados secundários indispensáveis para assegurar liquidez e formação de preços desses ativos.

A elevação do custo de transação resultante da incidência da CPMF compromete irremediavelmente a funcionalidade da securitização de recebíveis como instrumento para o financiamento de projetos de curto e especialmente de longo prazo, como é o caso de habitação e outros investimentos.

2) Financiamento de investimentos em infra-estrutura e parcerias público-privadas (PPPs)

a) Marco regulatório

O exame de mecanismos de financiamento de projetos de infra-estrutura revelou que o principal desafio não está no desenho dos instrumentos financeiros, mas na criação de condições que sustentem a confiança dos investidores privados em regras eqüitativas e no cumprimento de contratos no longo prazo.

A consolidação de marcos regulatórios com essas características pode ser considerada a condição essencial para buscar a participação dos investidores privados nos projetos de infra-estrutura.

b) Criação do *trust* e as parcerias público-privadas (PPPs)

O *trust*, como existente na legislação anglo-saxônica, é um instrumento muito superior aos existentes na lei brasileira para dar segurança aos projetos que vierem a ser executados no âmbito das PPPs. Trata-se de assegurar a permanência das regras e o estrito cumprimento dos contratos que sustentam a execução das PPPs, eliminando os riscos de mudanças imprevisíveis, seja por ato do poder público seja por medidas judiciais posteriores.

c) Experiência do Plano Nacional de Desestatização

Usar a experiência do Plano Nacional de Desestatização, especialmente quanto a alguns pontos: *project finance* é um instrumento adequado a financiar a PPP, mas imprescindível para sua implementação — a privatização foi quase integralmente financiada pela modelagem *project finance*. Governança corporativa e transparência: as sociedades vencedoras da licitação devem ser SPEs organizadas na forma de sociedades anônimas de capital aberto, obedecendo as regras de governança corporativa.

3) Estrutura da taxa de juros de longo prazo

Como pode ser observado na melhor experiência internacional, o desenvolvimento de um mercado secundário de títulos privados de longo prazo é necessário para viabilizar alternativas de financiamento de projetos de habitação, de infra-estrutura, de investimento e outros de lenta maturação. Para isso, é fundamental a existência de uma curva de longo prazo de títulos públicos, sobre a qual o mercado vai arbitrar a precificação dos títulos privados. A atual composição da dívida pública brasileira, altamente concentrada em papéis que rendem o *overnight*, parte indexada ao câmbio e somente uma pequena parcela prefixada, não fornece a base requerida. Assim, adquire importância estratégica manter e acelerar os esforços visando a mudança da composição da dívida pública.

4) Proteção ao investidor

A experiência internacional mostra que um fator importante para a redução do custo de capital é queda dos prêmios de risco resultante do aumento do grau de proteção ao investidor, como acionista ou credor. Componentes importantes da proteção ao investidor são a consolidação de mecanismos que assegurem a rápida solução de controvérsias, via racionalização e agilização de procedimentos administrativos judiciais, o estímulo à difusão de câmaras de arbitragem, bem como o reforço das garantias de cumprimento dos contratos inclusive mediante a manutenção de estabilidade da regulamentação. A aprovação da nova Lei de Falências é uma das iniciativas necessárias.

5) Fundos de *venture capital* e *private equity*

A recém-publicada Instrução CVM nº 391/03 regulamentou os fundos de investimentos em participações com avanços muito significativos em relação à regulamentação anterior, da Instrução nº 209 de 1994. Não obstante, foram apresentadas propostas visando o reforço de atuação desses fundos, de importância especialmente relevante no mercado brasileiro, caracterizado pela absoluta predominância de empresas fechadas. Entre as principais sugestões, destacam-se:

— propostas para aperfeiçoamento de mecanismos e procedimentos de governança, inclusive no que diz respeito à relação entre investidores e gestores e adesão a câmaras de arbitragem;

— definição de critérios de contabilização e precificação de investimentos nesses fundos;
— medidas voltadas ao aumento da liquidez;
— tratamento tributário diferenciado para investidores nesses fundos e para as micro e pequenas empresas;
— geração e difusão de informações junto a investidores e ao mercado em geral sobre os FIPs e sobre as oportunidades de investimento em micro e pequenas empresas.

6) Tributação do imposto de renda — incentivo à poupança de longo prazo

As melhores práticas tributárias internacionais recomendam o deferimento da tributação do imposto de renda da poupança de caráter previdenciário para o momento do pagamento de benefícios, ao mesmo tempo em que se aplica tributação declinante segundo o risco (renda fixa ou renda variável) e o prazo das aplicações.

7) Economia informal e carga tributária

Houve convergência no sentido de reconhecer que a grande proporção do setor produtivo da economia brasileira que participa em algum grau da economia informal constitui hoje um obstáculo ao avanço do mercado de capitais e do crédito bancário. É também uma importante limitação à utilização de mecanismos para a captação e suprimento de recursos de capital e risco e de empréstimo para empresas fechadas, inclusive empresas emergentes e de alto conteúdo tecnológico, como é o caso de fundos de *venture capital* e *private equity*.

Existem evidências de que a continuada elevação da carga tributária nos últimos 15 anos tem sido o principal fator de crescimento da economia informal, cuja reversão somente será obtida com uma forte redução das alíquotas dos impostos acompanhada de aumento de igual proporção na base de contribuintes.

8) Securitização de recebíveis e mercado secundário

Independentemente de várias propostas de aperfeiçoamento visando a dinamização de operações de securitização de recebíveis, inclusive imobiliários, e do mercado secundário, acredita-se que as bases legais e os sistemas operacionais apresentaram avanços extremamente significativos, oferecendo condições para o seu crescimento e o desenvolvimento do mercado secundário dos valores mobiliários gerados no processo.

Tanto num como noutro caso o principal obstáculo reconhecido é a incidência da CPMF, já mencionada em outro tópico. Entre outras propostas, destacam-se:

— regulamentação da carta de garantia de recompra de certificados de recebíveis imobiliários;
— isonomia tributária entre os veículos SPC e FIDC;
— padronização de processos de securitização de recebíveis.

9) Educação para o mercado de capitais

Na análise dos fatores e condições necessários para o uso eficiente dos instrumentos e mecanismos do mercado de capitais, fica evidenciada a prioridade que deve ser atribuída à difusão dessa cultura e à educação de todos os agentes que participam do processo.

O desconhecimento e a falta de experiência na utilização dos instrumentos e mecanismos examinados — fundos de *venture capital* e *private equity*, securitização de recebíveis e os valores mobiliários assim gerados, *project finance* e PPP — são obstáculos a serem superados. Programas voltados à qualificação de investidores individuais e institucionais, empresários, agentes de mercado e equipes de órgãos reguladores e do público em geral são componentes fundamentais para determinar a velocidade e eficácia com que possam ser extraídos os benefícios dessas soluções do mercado de capitais.

Capítulo IV
Apresentações gerais

Nesta parte, organizada com base em transcrições realizadas durante o evento, é apresentado um resumo de alguns pronunciamentos, que se destacam por sua abrangência e generalidade, não se enquadrando exclusivamente num dos temas específicos tratados nos painéis do Encontro.

PROF. MARCOS LISBOA (SECRETÁRIO DE POLÍTICA ECONÔMICA DO MINISTÉRIO DA FAZENDA E COORDENADOR DO GRUPO DE TRABALHO DO MERCADO DE CAPITAIS E DA POUPANÇA DE LONGO PRAZO)

O pronunciamento do prof. Marcos Lisboa foi feito na abertura dos trabalhos no segundo dia do Encontro, em 18/09/2003, no auditório do BNDES. Os principais pontos de sua apresentação estão resumidos a seguir.

O tema do financiamento do investimento é um tema central; a economia brasileira, em conjunto com outras economias latino-americanas, tem uma baixa participação em relação a crédito privado/PIB; expandir o mercado de crédito é tarefa fundamental para viabilizar o financiamento do investimento de longo prazo, ao mesmo tempo em que expandir o mercado de capitais, em geral e em particular, o mercado secundário, é fundamental para viabilizar a expansão do mercado primário que é fonte de financiamento e investimento.

Ainda que os fundamentos macroeconômicos estejam relativamente equilibrados neste momento, indicando condições para retomada do crescimento, é fundamental, e é tarefa de todos nós, contribuir para que essa retomada seja de fato uma retomada de crescimento de longo prazo, sustentável em taxas maiores do que as observadas no passado; daí vou focar inicialmente a nossa visão um pouco geral da agenda de desenvolvimento, desafios que nós temos pela frente, a questão maior do desenvolvimento, em particular a inserção do mercado de capitais, do mercado de crédito nessa agenda.

A experiência de desenvolvimento no âmbito internacional tem sido objeto de estudos acadêmicos baseados no desempenho de 90 a 110 países nos últimos 50 anos, e sugere que maior crescimento está relacionado com:

a) Menores preços de bens de investimento, custos de capital mais baixos.
b) Educação inicial: países com maior taxa de educação no início do período tendem a apresentar maior taxa de crescimento; indicadores de saúde são bastante robustos, mortalidade infantil, expectativa de vida, entre outros.
c) Grau de abertura: países que comercializam mais com o exterior, controlados pelas demais variáveis, tendem a apresentar não só maior crescimento mas também menor volatilidade da taxa de câmbio, sujeita a choques externos.
d) Dispêndio público em consumo: países onde se gasta menos em dispêndio público, em consumo, mantidos constantes as demais variáveis, tendem a apresentar, no futuro, PIB mais elevado.
e) Outro conjunto de pontos é fragmentado numa série de evidências, mas pode ser resumido em bom funcionamento das

instituições. Esse bom funcionamento das instituições pode ser medido de várias maneiras, a literatura tem sido bastante criativa em criar *proxies* para mensurar o bom funcionamento das instituições, podem ir de tempo de recuperação do cheque sem fundo, tempo de abertura e fechamento de firmas, custos de transação do mercado financeiro, indicadores qualitativos de segurança jurídica dos contratos etc.; invariavelmente, esses indicadores estão extremamente correlacionados com crescimento de longo prazo.

É exatamente no melhor funcionamento das instituições, sobretudo nos mercados de crédito e de capitais, que está boa parte da nossa tarefa em viabilizar uma melhor e menos custosa intermediação financeira e menores custos de capital;

a) No Brasil, em decorrência das inseguranças jurídicas dos contratos e do elevado custo de financiamento, a estratégia adotada acaba sendo o financiamento próprio, é a autocapitalização, que é extremamente cara.
b) Por outro lado, existem incentivos grandes à informalidade, que acabam superando os benefícios de um financiamento via mercado de capital mais barato; por um lado melhor governança, transparência etc., garante um financiamento mais barato, por outro lado, dependendo do setor, os ganhos da informalidade, sobretudo os ganhos da informalidade dos seus competidores, acabam forçando algumas firmas a serem mais informais.

No que se refere ao mercado de crédito, temos um diagnóstico relativamente consensual no Brasil:

a) Elevados custos de recuperação de empréstimo e de execução dos colaterais, os colaterais são sempre sujeitos a dificuldade de execução mesmo os mais bem-sucedidos que estão associados a menores créditos bancários, como alienação fiduciária, ainda encontram uma série de dificuldades; os custos de imobilização de capital por prazos longos até a execução agravam os *spreads* e os custos de financiamento, enquanto os problemas de execução de dívidas tributárias geram alíquotas marginais maiores de impostos para os setores mais transparentes, como é o caso do setor financeiro.

b) Resolver a dificuldade da agilização de cobranças de dívidas é fundamental para reduzir o *spread* bancário no crédito privado e para permitir uma expansão da base de arrecadação dos estados, portanto, com menores alíquotas marginais sob setores que pagam.

Na retomada do crescimento há necessidade fundamental da retomada do investimento de infra-estrutura:

a) O Ministério do Planejamento tem trabalhado ativamente para desenvolver mecanismos de atração de investimento privado, passando por reformas na questão da concessão e pelas parcerias público-privadas, as quais, com variações, têm sido adotadas em vários países com bastante sucesso na modernização dos serviços públicos e investimento em infra-estrutura.

b) É fundamental consolidar os avanços já iniciados na regulação dos mercados financeiros de capitais, em particular a continuidade de fortalecimento institucional da CVM. A CVM vem fazendo um trabalho espetacular no último ano e meio, gerando grande quantidade de inovações institucionais, fortalecendo o mercado de capitais; o governo vem trabalhando também, em paralelo às reformas da CVM, por exemplo, na nova Lei de Falências.

c) Um ponto central do trabalho de governo deve ser reduzir as assimetrias de informação existentes no mercado de crédito; aí é importante a formação dos cadastros positivos, tanto para as empresas quanto para as famílias; onde a assimetria chega num nível extremamente elevado, nem mesmo o mercado de crédito existe, como se observa no caso brasileiro, onde diversos setores estão completamente isolados do mercado de crédito.

d) Por fim, existe uma agenda importante de desenvolvimento de mercados secundários no Brasil, não apenas uma questão de fundo de liquidez, mas é sobretudo mecanismo mais eficiente de divisão de risco; a tarefa de divisão de risco no Brasil é extremamente difícil; não há divisão clara do risco, ao contrário do que a gente verifica em mercados onde a securitização realmente se expandiu de forma significativa — como é o caso do mercado de crédito imobiliário americano; hoje a securitização das dívidas imobiliárias é o maior mercado de títulos do mundo, ao lado dos mercados de título da dívida pública americana; além disso, a securitização é fundamental, inclusive, para viabilizar a desconcentração bancária: na medida em que você tem instrumentos de securitização e de divisão de risco bem definidos, você viabiliza pequenas instituições de crédito, como cooperativas de pequenos bancos; eles podem oferecer crédito porque, eventualmente, os riscos agregados àquela localidade podem ser revendidos a uma instituição maior, caso contrário, aquela instituição pequena carrega o risco da localidade, então você tem uma cooperativa de arroz, tem uma pequena cooperativa numa área produtora de arroz, tem um choque na produção de arroz, todo mundo sofre, a cooperativa não teve como dividir aquele risco e ela quebra. Então, ter mecanismo no instante de divisão desse risco é fundamental, e isso significa venda de risco, e venda de risco no Brasil é uma atividade extremamente difícil e custosa, em geral sujeita a questões de argüições jurídicas.

e) O equilíbrio e cuidadoso desenho institucional de mercado de crédito é fundamental para viabilizar a expansão dos mercados primário e secundário, e retirar os custos que nós herdamos de uma má história do mercado de capitais, que hoje gera essa questão cultural de uma certa resistência da sociedade a retomar suas propostas de longo prazo no mercado de capitais. O governo tem um papel importante a cumprir aí, na questão da governança, sobretudo, na governança às empresas estatais.

PROF. RENÉ GARCIA — SUPERINTENDENTE DA SUSEP

O prof. René Garcia fez seu pronunciamento na abertura do Painel 4 — "Sistema de Distribuição, Mercado Secundário, Derivativos" — no segundo dia do Encontro, no auditório do BNDES. Um resumo de suas observações é apresentado a seguir.

O Brasil pode entrar numa trajetória de crescimento sustentável através do incentivo para que os mercados sejam mais eficientes, ou seja, uma revolução microeconômica nos mercados de crédito, mercado bancário, o sistema financeiro num sistema de intermediação, distribuição de valores imobiliários do mercado de seguros e previdência, mercados esses isolados, numa visão antiga, mas que devem ser considerados atualmente de modo integrado.

Cabe ao governo, nesse momento, criar políticas e instrumentos para aumentar a eficiência alocativa e da distribuição nesses mercados, para poder obter redução de custos e um alongamento dos prazos. O Brasil tem hoje um problema estrutural muito grave que diz respeito à formação da taxa de juros real, no qual a atuação do governo pode ser caracterizada da seguinte forma:

a) Primeiro o governo tem que redesenhar sua estrutura de taxa de juros de longo prazo, ou seja, o Brasil tem que redesenhar sua dívida pública; a dívida pública brasileira tem 67% em LFT e o resto em título cambial e uma pequena proporção em prefixado, o que é claramente incompatível com a formação de um mercado de capitais em qualquer país do mundo; o primeiro grande instrumento é a criação de um mercado de títulos de longo prazo com a formação de taxa de juros. A fixação de um padrão de *benchmark* viabiliza a precificação dos títulos privados em cima dessa curva do título público e os investidores podem tomar suas posições. Sem que isso ocorra é muito difícil desenvolver os mercados secundários, justamente pela imperfeição da arbitragem. Não há arbitragem possível no mercado que está todo encilhado em títulos que rendem o *overnight*.

b) Segundo, temos de ter avaliações criteriosas com relação à questão do dimensionamento de risco das instituições, sejam instituições financeiras, sejam as entidades do setor real, porque assim é que vai existir o instrumento pelo qual se distribuem o risco, os portfólios, e também se faz arbitragem entre operações.

c) Terceiro, o Brasil tem uma deficiência caracterizada pela ausência de um mecanismo de distribuição adequado no mercado de valores mobiliários, no mercado de renda fixa, deficiência essa que aparece também no mercado de seguros. O mercado de seguros tem uma dificuldade enorme de chegar ao cliente, de vender ao cliente, enquanto nos Estados Unidos você tem todo um sistema de distribuição que é extremamente eficiente, foi constituído ao longo de séculos, o agente de investimento, o agente de seguros nos Estados Unidos é uma figura que participa da vida familiar de alguém ao longo de sua vida, no Brasil nós não temos esse mecanismo, não temos a tradição do investimento, nem da certificação do investimento através de ente de distribuição com custo baixo. Então esse é um problema que atinge, eu diria, de forma bastante expressiva porque do mesmo modo que você não tem esse mecanismo, você começa a estimular também mecanismo de concentração. Se olharmos para a situação do mercado brasileiro, ela tem características muito perigosas, porque cada vez mais só é possível aos intermediários ou às seguradoras obterem ganhos de escala em escalas cada vez maiores, então, com isso, o grau de concentração aumenta e um problema de oligopolização acaba revertendo-se num sinal muito complicado ao mercado, se você analisar do ponto de vista do consumidor ou do investidor.

d) Quarto, o Brasil ainda tem um sistema muito deficiente de proteção ao investidor e proteção aos consumidores de seguros e fundos de previdência, e isso acaba contribuindo para que haja também um certo encilhamento em títulos de renda fixa por parte de títulos governamentais. Por exemplo, o tempo de espera numa demanda judicial, de cinco ou seis anos, é incompatível com um mercado eficiente, seja na área de investimentos, seja na área de seguros, compromete a disposição de fazer um investimento de longo prazo. Reconstruir o aparelho judicial no Brasil e estimular as câmaras de arbitragem, de conciliação, são instrumentos muito importantes para garantir confiabilidade.

e) O potencial do mercado de previdência no Brasil é muito grande, podendo atingir rapidamente 15 ou 20% do PIB (na Espanha saiu de 3% para 35% do PIB em cinco ou seis anos). Bastaria promover a blindagem das reservas técnicas dos fundos de previdência privada, alterar a tributação — que hoje pode estar puxando para baixo a *duration* média dos títulos — favorecendo aplicações de longo prazo, ao mesmo tempo em que facilitaria a queda da taxa de juros real e o equilíbrio fiscal de longo prazo, ao lado de um choque de flexibilização como forma de dar aos agentes econômicos mais liberdade de atuação.

f) Em conclusão, manifesto uma visão otimista por estarmos abandonando diagnósticos equivocados do passado e identificando os verdadeiros obstáculos à exploração do potencial dos mercados financeiro, de capitais, dos fundos de previdência privada, e que impedem a retomada do crescimento. Iniciativas como a deste Encontro são muito importantes para gerar idéias consistentes, baseadas em princípios e diagnósticos corretos, induzindo o governo a fazer uma reflexão e com isso mudar a realidade.

CAPÍTULO V
Fundos de *venture capital* e *private equity*

ALGUMAS CARACTERÍSTICAS E EXPERIÊNCIA INTERNACIONAL

Os fundos de *venture capital* (VC) e *private equity* (PE) são veículos de mobilização de recursos captados predominantemente em investidores institucionais (destaque para fundos de previdência), alocados na forma de capital de risco e de empréstimos em empresas emergentes e de grande potencial. A recuperação desses investimentos em termos de retorno e liquidez se dá tipicamente a médio prazo (em geral entre três e sete anos) após a maturação das empresas investidas, mediante colocação de ações em bolsas de valores (IPO) ou venda de participações a investidor estratégico.

Os fundos de VC e PE se caracterizam pela participação ativa de seus gestores na administração da empresa, desde a definição da estratégia e o recrutamento de profissionais qualificados até o apoio da gestão financeira, acesso a fontes de financiamento e parceiros nacionais e internacionais. Alguns fatores são importantes na caracterização dessa atuação, destacando-se a independência do gestor, alinhamento de interesses com os quotistas dos fundos, transparência nas decisões, segregação de investimentos, a gestão profissional do fundo e dos investidores e a flexibilidade no estabelecimento de metas. Os fundos de VC e PE aplicam as melhores práticas de monitoramento, governança, soluções de conflitos e relacionamento com minoritários em empresas de capital fechado.

Nos EUA o mercado de *private equity* foi desenvolvido já nos anos 40, com o estabelecimento dos primeiros fundos e participação de pessoas físicas. Em 1979, registra-se a flexibilização dos investimentos de risco que viabilizou a entrada dos fundos de pensão. Atualmente os fundos de pensão destinam cerca de 4% de seus ativos a esses investimentos, recursos esses que representam cerca de 50% do patrimônio dos fundos de PE. Sua importância no excepcional desempenho da economia americana pode ser aferida por alguns números:

— investimentos totais: cerca de: 11% do PIB (US$ 1,1 trilhão);
— um em cada nove empregos (de alta capacitação);
— 12,5 milhões de empregos gerados;
— em 2000, ano de maior atividade, foram comprometidos recursos da ordem de US$ 100 bilhões de fundos de VC e mais de US$ 80 bilhões em PE.

É relevante notar que nos EUA, entre 1990 e 2002, mais de 40 mil empresas se beneficiaram de recursos desses fundos, com um investimento médio da ordem de US$ 7 milhões cada uma, sendo que várias delas se tornaram empresas de projeção internacional. Deve-se registrar que uma parcela considerável dessas empresas se destaca por pertencer à fronteira tecnológica, caracterizada por fortes investimentos em pesquisa e desenvolvimento e componentes importantes da geração de aumentos de produtividade e de novos produtos.

Comparativamente a outras alternativas de investimento, esses fundos têm apresentado desempenho altamente positivo nos EUA. No período de 30 anos, entre 1969 e 1999, trabalhos de pesquisa indicam taxa de retorno anual média da ordem de 16%, contra 12% a

14% dos investimentos em ações, muito embora seu risco de mercado (volatilidade) tenha sido consideravelmente mais baixo.

FUNDOS DE VC E PE NO BRASIL: O VOLUME ATUAL É PEQUENO, MAS A INDÚSTRIA ESTÁ PREPARADA PARA CRESCER

Retrospecto: experiência dos fundos de VC e PE no mercado brasileiro

No Brasil a atuação de fundos de VC e PE é ainda muito limitada. Nos três anos entre 2000 e 2002, foram implementados cerca de 163 projetos, com o comprometimento de US$ 2,75 bilhões.

Um breve retrospecto[1] permite uma caracterização melhor do desempenho dessa atividade no mercado brasileiro, ao mesmo tempo em que evidencia alguns dos obstáculos enfrentados ao longo do tempo.

a) Década de 1930 a 1960: a empresa Monteiro Aranha, atuou como uma típica VC, tomando inúmeras participações minoritárias em uma série de projetos de *start-ups* ou *green fields* (Klabin, Nitroquímica Brasileira, Grupo Financeiro Itaú, VW, Oxiteno etc.), a partir do *cash flow* de sua então controlada Cisper.

b) Década de 1970: o BNDES cria quatro subsidiárias para praticar o *private equity*, a Ibrasa, a Embramec, a Fibase e a Abico, objetivando tomar participações minoritárias em empresas privadas nacionais, já existentes. As três primeiras foram fundidas no início da década de 1980, tornando-se a atual BNDESPAR — BNDES Participações S.A. tendo a Abico

---

[1]Esta parte tem por base a apresentação de Luiz Serafim Spínola.

sido extinta. Esta atividade gerou cerca 300 diferentes operações desde sua fundação, em 1974.

c) Década de 1980: em 1981 um grupo de 12 expressivos investidores brasileiros e estrangeiros (Unibanco, IFC, Paribas, Pão de Açúcar, Brasmotor, Villares, João Fortes, Horácio de Carvalho, Sérgio Melão e outros) criam a Brasilpar, que entre 1981 e 1984, quando foi extinta, participou de 33 diferentes empresas, sempre minoritariamente.

d) Ainda na década de 1980: foi criada no RS a CRP (Cia. Riograndense de Participações), com aglutinação de capitais locais e da IFC, tendo seus gestores conseguido levantar diversos outros fundos na década de 1980 e na atual.

e) Década de 1990: a partir de meados da década houve uma explosão no mundo, particularmente nos EUA, das atividades de VC e PE, como decorrência da herança dos *go go years* dos LBOs e do início da bolha de alta tecnologia e das bolsas de valores. Gradualmente esta tendência atingiu o Brasil, que presenciou no período 1995/2000, o surgimento de inúmeros novos fundos, a grande maioria fundeados por capital estrangeiro.

Regulamentação atual: fundos de investimento em participações

Na década de 1980 houve, durante um pequeno período, um incentivo fiscal, via uma tributação mais reduzida, para os fundos de capital de risco — naquele período organizados tipicamente como sociedades anônimas — quando realizavam ganhos na venda de posições de sua carteira.

Esses fundos foram regulamentados pela CVM em 1994, pela Instrução nº 209, na forma de fundos de empresas emergentes, criando a possibilidade de investidores institucionais participarem indiretamente de companhias de capital fechado, além de permitir a estes novos veículos um tipo de tributação mais compatível com a natureza de sua atividade.

Em 2003, a CVM, após cerca de 24 meses de sadia e intensa interação com a indústria, edita a Instrução nº 391/03, institucionalizando os fundos de *private equity* sob a denominação de fundos de investimento em participações (FIP), com muito mais flexibilidade, realismo e pragmatismo do que tinha o veículo anterior.

As principais características registradas nessa instrução são:

a) Participação no processo decisório das companhias investidas
— Meios para assegurar a participação no processo decisório.
— Detenção de ações integrantes do bloco de controle.
— Celebração de acordo de acionistas.
— Celebração de ajuste de natureza diversa que garanta ao fundo influência efetiva na definição da política estratégica e da gestão.

b) Investimento em companhias abertas e fechadas, sem limite de faturamento (a Instrução nº 209 limitava a R$ 100 milhões anuais)
— Companhias abertas: critérios de elegibilidade devem ser estipulados no regulamento.
— Companhias fechadas: apenas as companhias fechadas que adotem boas práticas de governança corporativa, indicadas na Instrução CVM nº 391.

c) Disposições particulares ao investimento em *private equity* e *venture capital*
— Diferenciação entre classes de quotas.

- Comitês de investimento, comitês técnicos e conselhos consultivos.
- Registro automático na CVM.

Diagnóstico: obstáculos ao desenvolvimento da indústria de VC e PE no Brasil

Até o Plano Real os elevados níveis de inflação e de instabilidade macroeconômica comprometiam as oportunidades de investimento, frustrando as expectativas dos fundos pioneiros, ao mesmo tempo em que o subdesenvolvimento do mercado de capitais impunha baixa liquidez (problemas de desinvestimento) e desvalorização dos investimentos e os padrões de governança adotados não atendiam minimamente às exigências de fundos dessa natureza.

No período mais recente, a alta volatilidade cambial, a forte desvalorização do real após 1999 e a realização de investimentos precificados em níveis irrealmente altos durante a bolha de tecnologia até o ano de 2000, contribuíram para frustrar as expectativas de retorno de investidores externos e domésticos; após esse ano os investidores externos elevaram sua aversão ao risco, especialmente quanto a investimentos em economias emergentes.

No caso das entidades fechadas de previdência complementar (EFPCs); que são os principais investidores potenciais nos fundos de VC e PE, vários fatores têm inibido participação mais significativa:

- essas entidades mantiveram suas carteiras concentradas em aplicações de renda fixa, estimuladas pela elevada taxa de juros paga pelos títulos públicos;
- a cultura de seleção, monitoramento de performance de gestores de fundos de VC e PE ainda não está consolidada nos investidores institucionais, implicando também dificulda-

des de se estabelecer uma compreensão clara da relação entre investidores e gestores desses fundos; falta de conhecimento das especificidades dos produtos;
— dificuldade de compatibilizar na sua contabilidade o modo de registrar investimentos de longo prazo com os requisitos de natureza atuarial;
— embora num outro formato, têm influenciado negativamente várias experiências em que os fundos de pensão assumiram o controle de empresas, que deixaram a desejar em termos de desempenho e governança corporativa.

Outros obstáculos merecem ser destacados:

— baixa utilização de canal de solução de conflitos (câmara de arbitragem);
— falta de mecanismos de saída (liquidez).
— a crescente tributação sobre a receita operacional das empresas brasileiras tem tornado muito menos atrativo o surgimento de *start-ups*, pela penalização que sofrem durante a fase na qual ainda estão gerando prejuízos.

Entretanto, vários fatores mostram que a indústria está preparada para crescer e as condições são mais favoráveis:

— com a queda das taxas de juros dos títulos públicos, a necessidade de atingir suas metas atuariais induzirá os fundos de pensão a buscar investimentos mais rentáveis;
— o arcabouço legal já está desenvolvido;
— há pessoal qualificado na indústria, com experiência relevante;
— diversos investimentos se tornaram histórias de sucesso.

O QUE FALTA FAZER PARA EXPLORAR O POTENCIAL DE FUNDOS DE VC E PE?

A recém-publicada Instrução CVM n.º 391/03 dispõe sobre fundos de investimentos em participações (FIP) que, através de uma estrutura bastante flexível, possibilita o investimento de longo prazo em companhias abertas e fechadas, características típicas do investimento de *private equity*.

Não obstante, foram apresentadas várias sugestões e propostas visando otimizar as condições para a plena operação do potencial desse mecanismo no mercado brasileiro.

1) Governança
   a) Introdução de mecanismos que permitam o resgate compulsório de quotas, dentro de determinadas condições a serem estabelecidas no regulamento do fundo e/ou na legislação pertinente.
   b) Criação de regra que proteja o administrador dentro do princípio do *business judgement*, visando, desta forma, a diminuição da vulnerabilidade dos citados administradores frente a mudanças políticas, econômicas etc. Isto porque, sendo o administrador responsável por todas as atividades do fundo, notadamente a elaboração de demonstrações contábeis, o recebimento dos dividendos distribuídos pelas companhias investidas, e o fornecimento de informação aos quotistas etc., há que se garantir a estabilidade e segurança necessárias para a gestão do fundo, compatíveis com as obrigações assumidas em função do referido cargo.
   c) Avaliação adequada dos gestores (histórico, transparência, volumes administrados, equipe diferenciada etc.).

d) Uma quota, um voto; mesmos direitos aos quotistas.
e) Processo de tomada de decisão.
f) Possibilidade de troca do gestor.
g) Adesão à câmara de arbitragem.

2) Divulgação e formação de pessoal qualificado para exame de projetos junto a investidores institucionais; cultura de VC, PE.

3) Critérios de contabilização
É importante a criação de um sistema de normas contábeis que permita a precificação adequada dos ativos da carteira. Isto porque os ativos do fundo consistem em ações de companhias abertas e/ou fechadas e, tendo em vista que a regra geral é a baixa liquidez dessas ações, torna-se complicado proceder a precificação adequada.

4) Liquidez
— Estímulo ao mercado secundário de ações/quotas
— Promover fundo mezanino — mais adequados contabilmente às EFPCs, que têm obrigações atuariais.
— Criar uma categoria especial de acesso na Bovespa, para facilitar IPOs; empresas investidas por fundos de VC e PE têm melhor governança.

5) Tributação
Propor que a tributação sobre a receita operacional das novas companhias resuma-se apenas a ICMS, IPI e ISS, conforme o caso, considerando-se também que essas empresas, até por critérios de governança, atuam absolutamente dentro da formalidade; pelo menos, fazer com que os demais impostos ou contribuições sobre a receita (Pis, Cofins) possam ser

eliminados ou diferidos até que as empresas investidas passem a gerar lucros ou fluxo de caixa positivo, tornando mais atraente o investimento dos fundos.

6) Comprometimento de longo prazo
Prover um conjunto de regras claras e explícitas que prevejam o respeito aos contratos e a manutenção do equilíbrio econômico e financeiro ao longo da vida útil dos projetos

O detalhamento e encaminhamento final de propostas poderia ser feito no âmbito do Grupo de Trabalho do Mercado de Capitais em cooperação com entidades do setor privado — Abrapp, ABCR, Codemec, Bovespa e outras signatárias do Plano Diretor do Mercado de Capitais.

Fundos de VC e PE e as micro e pequenas empresas[1]

Quando foram criados pela Instrução CVM nº 209/94, os fundos de empresas emergentes visavam, sobretudo, as pequenas empresas e uma faixa inicial das médias empresas. Com o tempo, passaram a atender também empresas de médio porte de faturamento expressivo sendo que atualmente estão direcionados para empresas com faturamento anual de até R$ 100 milhões.

As micro e pequenas empresas, com faturamento de até R$ 1,2 milhão/ano, não vinham sendo contempladas com recursos desses fundos. Com isso, empresas ainda na fase de *start-up* ou em fase inicial de crescimento não tinham nenhum apoio do mercado de capitais, justo o contrário do que acontece em países desenvolvidos.

Para superar as chamadas falhas de mercado, Sebrae, BNDES e Fumin/BID, em 1999, criaram os primeiros fundos de empresas emergentes que deveriam também investir em empresas com faturamento de até R$ 1,2 milhão/ano. No presente, são mais de

---
[1] Esta parte tem por base a apresentação de Mauro Arruda (Anexo II).

oito fundos criados em diferentes estados, para atender às micro e pequenas empresas locais.

Essa situação se mantém. Sem a presença das referidas entidades, que administram recursos públicos e fundos internacionais (caso do Fumin/BID), não surgirão outros fundos de empresas emergentes voltados para as MPEs. E não será a mera expansão do mercado de capitais que mudará a situação.

Para que haja mudança profunda, é fundamental que se procure superar as causas básicas que inibem a participação do capital privado nesses fundos.

Colocando de lado as causas macroeconômicas, como as elevadas taxas de juros, e olhando para a frente, num cenário de taxas de juros em declínio e de condições macroeconômicas mais favoráveis, para que capitais privados invistam em fundos de empresas emergentes direcionados para MPEs, será necessário, sobretudo, dar tratamento fiscal diferenciado para o investidor nesses fundos, em relação, por exemplo, ao investidor em bolsa de valores.

Afora a solução de natureza fiscal, duas outras medidas são necessárias para o capital privado investir em fundos de empresas emergentes. Todas duas têm a ver com a melhoria das informações para o investidor. São elas:

1) a geração de informação sobre os fundos de empresas emergentes, sobre como atuam junto às empresas nas quais investem. Pouco se sabe sobre os fundos que realmente dão atenção à boa governança, à gestão das empresas nas quais investem, tornam públicos seus relatórios, divulgam seus balanços de forma sistemática etc. Informações como essas seriam importantes para facilitar a negociação das cotas dos mesmos no mercado secundário, reforçando o papel deste;

2) a geração de informações sobre as MPEs. A adoção de *ranking* das pequenas empresas, do que se poderia chamar de um *ranking* das menores e melhores (por exemplo, das 1.000 menores e melhores), é indispensável. É uma prática bastante usual nos EUA, que ajuda muito na escolha das empresas para investimento e, também, na quebra de preconceitos em relação às pequenas empresas. Do *ranking* constariam informações sobre crescimento de cada empresa nos mercados, boas práticas de gestão, lucratividade etc. As informações seriam disponibilizadas no mesmo nível que as grandes empresas costumam disponibilizar.

O crescimento do mercado de capitais, no Brasil, não pode continuar voltado, apenas, para os investimentos em bolsa de valores, nem em fundos — mesmo os fundos de empresas emergentes — que invistam em empresas somente de médio e grande portes. Sem dúvida, os fundos de empresas emergentes devem ser o principal instrumento de apoio às boas MPEs, isto é, àquelas que se diferenciam pela inovação. Com informações como as descritas anteriormente, os investidores poderão identificá-las mais facilmente.

Capítulo VI

Securitização de recebíveis, fundos de recebíveis

ALGUMAS CARACTERÍSTICAS E EXPERIÊNCIA INTERNACIONAL

A securitização de recebíveis é um dos principais componentes da revolução observada no sistema financeiro das economias mais avançadas desde meados da década de 80. Em princípio, qualquer fluxo de receita contratado ou projetado, com características conhecidas ou determináveis e que permita a realização de avaliação de risco e retorno pode ser objeto de securitização. Desse modo, são elegíveis para securitização desde recebíveis de curto prazo relativos a crédito direto ao consumidor, créditos imobiliários de longo prazo, recebíveis de pessoas jurídicas e receitas de projetos de investimento em infra-estrutura.

Esses títulos de dívida, em geral padronizados e objeto de avaliação de risco por agências de *rating*, são os componentes básicos para o desenvolvimento de mercados secundários ativos, em que baixos custos de transação, transparência e demais fatores de proteção aos investidores, asseguram altos níveis de liquidez. Trata-se da solução moderna e eficiente para oferecer financiamento de longo prazo para projetos de investimento e habitação e liquidez adequada para os investidores, a custos baixos. Para exemplificar, basta lembrar da realização de operações de securitização de recebíveis de grandes empresas européias em que o custo final para o cedente dos créditos corresponde a um *spread* inferior a 50 pontos básicos (meio ponto percentual) ao ano.

No mercado norte-americano e, mais recentemente, no mercado europeu, as operações de securitização de recebíveis atingem volume extremamente significativo. Para as empresas não-financeiras a operação oferece várias vantagens:

— Diminuição de alavancagem financeira.
— Redução da dívida líquida.
— Redução do custo de capital de giro.
— Minimização do impacto de provisões.
— Redução de CPMF em relação às operações de cessão de crédito.
— Melhora dos índices de balanço, proporcionando perspectivas para novos negócios.
— Permite a melhora da estrutura de custos de *hedge* do contas a receber.
— Alternativa de *funding*.
— Eliminação de IOF (não tendo a co-obrigação).
— Pode ser usado como instrumento de alavancagem de vendas por alongamento de prazos.
— Possibilidade de ganhos financeiros gerados pelo diferencial entre taxas embutidas nos recebíveis e a taxa de desconto para o fundo.
— Planejamento tributário.

Para os investidores, as maiores vantagens são:

— Melhor avaliação do risco de crédito, estritamente vinculado à qualidade dos recebíveis que servem de garantia, usualmente objeto de avaliação por parte de agências de *rating*.

— Os títulos (ou quotas) de securitização têm garantias independentes e são segregadas do patrimônio do originador dos créditos, não sendo afetados em casos de falência ou concordata deste último.
— Diversificação de risco, caracterizada pela própria carteira de recebíveis que serviu de lastros, ou mediante aquisição de quotas de fundos de recebíveis.
— Liquidez: em geral os títulos ou quotas de securitização podem ter mercados secundários ativos, garantindo liquidez aos investidores, sem custos significativos.

Na experiência internacional, os bancos têm participado ativamente do processo, na qualidade de maiores originadores de créditos que posteriormente são securitizados e colocados no mercado. Dentre outros aspectos, a securitização de créditos tem constituído um dos principais instrumentos de adequação dos limites de alavancagem das instituições financeiras.

SECURITIZAÇÃO DE RECEBÍVEIS NO BRASIL: VOLUME PEQUENO; REGULAMENTAÇÃO RECENTE É ADEQUADA E MODERNA

As principais bases legais e regulamentares da securitização no Brasil distinguem entre a securitização de recebíveis imobiliários e a securitização financeira. No caso de recebíveis imobiliários, a norma básica é dada pela Lei nº 9.514/97, com a criação do SFI (Sistema Financeiro Imobiliário), a introdução da alienação fiduciária dos imóveis financiados e a emissão de certificados de recebíveis imobiliários. Deve-se considerar ainda as MPs nºs 222/01 e 223/01 e as Resoluções CMN nº 3005 e 3073, estas focando o desenvolvimento de um mercado secundário dinâmico para os recebíveis imobiliários.

A securitização financeira, envolvendo outros créditos e recebíveis em geral, foi regulada pela Resolução CMN nº 2.493/98, buscando maior eficiência no *funding* do sistema financeiro. Os fundos de investimentos em direitos creditórios estão regulados pela Resolução CMN nº 2907 e Instruções da CVM nº 356 (dezembro de 2001) e 393 (julho de 2003). Por sua vez, a cédula de crédito bancário e o certificado de cédula de crédito bancário regulado pela Medida Provisória nº 2.160-25 de 23/08/2001 e Resolução CMN nº 2.843.

O novo sistema financeiro imobiliário resulta da intersecção dos mercados imobiliário, financeiro e de capitais, no âmbito do mercado de recebíveis. Todos os agentes estarão sujeitos aos novos paradigmas de mercado — confiança, segurança, transparência. A qualidade da governança corporativa determinará o acesso das empresas ao mercado, independente do seu porte.

A Timbre, criada pela Andima, já está operando e está à disposição dos estruturadores de securitização. Trata-se de um ambiente de negociação de direitos creditórios que proporciona transparência às operações de cessão e a adequada segregação do fluxo de caixa da carteira cedida, bem como o *disclosure* desta.

Dentro da legislação brasileira, existem hoje dois veículos principais de segregação de riscos, que apresentam características distintas e cuja tributação é também diferenciada.

1) SPE — sociedade de propósito específico
— Considerado o mais eficiente veículo de segregação de risco, e amplamente utilizado nos mercados americanos e europeus, e ainda, por grande parte das companhias brasileiras, nas operações internacionais de antecipação do fluxo futuro de exportações.
— A securitização de recebíveis através da constituição de uma SPE foi amplamente utilizada pelo mercado doméstico ao longo dos anos de 1994 a 1996 (introdução da CPMF), principalmente pelas empresas de varejo.

- Sob o ponto de vista do investidor, é importante notar alguns pontos relevantes:
  - o percentual relativo da carteira dos investidores institucionais passíveis de serem aplicados em debêntures é muito superior ao destinado às cotas seniores e subordinadas emitidas pelo FIDC;
  - as debêntures são títulos com ampla utilização no mercado doméstico, enquanto as cotas emitidas pela FIDC não;
  - a remuneração das debêntures pode ser facilmente calculada pelos investidores, já a remuneração das cotas não; e
  - no caso de FIDC aberto, o investidor é penalizado tendo em vista o efeito *come cota* da provisão mensal de imposto de renda, que não pode ser compensada nos meses seguintes.

Entretanto, tem tratamento tributário convencional.

- Sujeita a CPMF e IR.
- PIS — base reduzida (parecer).
- Cofins — base reduzida se for securitizadora.
- Leis nos 10.637/02 e 10.684/03 e 9.718/02.

A demanda por operações de securitização via SPC tende a ser muito superior, quando comparada ao FIDC, refletindo diretamente na remuneração exigida pelos investidores.

2) Fundo de investimento em direitos creditórios (FIDC)
   - A grande contribuição do FIDC para o mercado de securitização foi o de torná-lo mais eficiente em termos tributários, sendo sua constituição menos burocrática, se comparada à SPE, no tocante à dispensa de constituição de uma *trust offshore*, bem como da contratação de um administrador societário.

— Não incidem sobre o FIDC os seguintes tributos: (i) PIS; (ii) Cofins; (iii) CPMF; (iv) IRPJ; (v) CSSL; e (vi) IRRF.
— Sob o ponto de vista do investidor, apesar do montante de recursos disponível ser inferior comparando-se às debêntures, dentro da indústria de fundos, não há opção melhor. O *trade off* risco × retorno é muito superior ao de qualquer outro fundo. A volatilidade das cotas seniores, considerando um nível de colateralização adequado, tende a zero, e o retorno deve ser muitos *basis points* acima dos verificados pelos fundos DI e de renda fixa "pura".

Os FIDCs apresentam várias características desejáveis, algumas das quais decorrem do tratamento tributário vantajoso em relação às operações com a utilização de SPEs:

— Maior segregação de risco:
  • fundo tem diversas limitações impostas pela regulamentação;
  • créditos são detidos pelo FIDC e não por uma SPE controlada pelo originador dos créditos;
  • administrador do fundo e custodiante são responsáveis pela gestão dos créditos.
— Tributariamente "neutro" — não onera a operação.
— Estrutura de garantias: cota subordinada, seguro e co-obrigação do cedente.

Tributação do IOF na cessão de créditos:

— IOF somente incide na cessão de créditos se:
  • o cessionário é instituição financeira (Decisão COSIT nº 12, de 3 de março de 1997).

- o cessionário é empresa de *factoring* (art. 58 da Lei nº 9.532, de 10 de dezembro de 1997);
— Não há incidência de IOF na cessão dos créditos:
  - se trata de mútuo de recursos financeiros entre pessoas jurídicas, ou entre pessoas jurídicas e pessoas físicas (art. 13 da Lei nº 9.779, de 19 de janeiro de 1999).

As companhias securitizadoras, que adquirem os créditos junto aos originadores, são classificadas segundo a natureza dos créditos a serem securitizados.

1) CSCI — Companhia Securitizadora De Créditos Imobiliários
   — O mais eficiente veículo de captação doméstico.
   — A CSCI possui regulamentação específica, que a caracteriza apenas como um veículo de captação.
   — Regime fiduciário dos ativos da companhia, com total segregação de cada operação originada na CSCI (afetação do patrimônio).
   — Pode emitir CRI — certificados de recebíveis imobiliários ou debêntures.
   — Alienação fiduciária dos imóveis.
   — Custos fiscais:
     - Sujeitas a IR — isentas de CPMF.
     - Pis e Cofins — base reduzida.

2) Companhia Securitizadora de Créditos Financeiros
   — *Trust* de créditos financeiros.
   — Debêntures, ações ou NP.
   — Custos fiscais:
     - Sujeitas a IR — isentas de CPMF.
     - Pis e Cofins — base reduzida.
   — Concorrem com fundos.

Deve-se notar que as SPEs podem atender a uma grande variedade de objetivos, além da securitização:

- Reestruturações financeiras.
- Financiamento de projetos.
- Debênture estruturada.
- Empréstimo sindicalizado.

Além disso, as SPEs, estruturas mistas, têm grande flexibilidade e permitem operações conjugadas.

- Cessões de recebíveis.
- Imóveis e outras garantias adicionais.
- *Covenants* e fianças.
- Contratos com várias contrapartes.

Da mesma forma que outros instrumentos financeiros do mercado de capitais, a securitização de recebíveis imobiliários tem se desenvolvido em ritmo bastante lento no Brasil. Além da alta taxa básica de juros, que tem elevado o custo de capital e inviabilizado a níveis insuportáveis a maioria dos projetos privados, vários outros fatores têm influído:

a) Falta de cultura e conhecimento por parte do mercado de investidores institucionais desse tipo de operação.
b) Inexistência de histórico de operações realizadas com sucesso, em volume suficiente para afastar o temor do desconhecido.
c) Mercado primário de recebíveis incipiente, especialmente quando se consideram os parâmetros requeridos para a realização de operações com baixo risco de crédito.
d) Diversidade de indexadores.

e) Falta de padronização de contratos, estruturas de operações e conceitos de securitização, fazendo com que o mercado trate cada operação como única, à semelhança do que ocorre com as operações estruturadas para clientes específicos.

Há ainda dificuldades na colocação para investidores domésticos de CRIs, mesmo quando emitidos de acordo com padrões internacionais de segurança e mitigação de riscos, em virtude de:

a) Dificuldade por parte dos investidores institucionais em avaliar adequadamente os riscos das operações.
b) Prazo dos CRIs relativamente mais longos que as demais aplicações de renda fixa ofertadas no mercado.
c) Inexistência de um mercado organizado para negociação secundária de CRIs, fazendo com que os investidores fiquem com a perspectiva de carregar os papéis até o prazo final de resgate.

Embora as aplicações em CRIs sejam consideradas como aplicação habitacional, para efeito de cumprimento da exigibilidade, conforme a Resolução CMN nº 3.005, não há demanda por CRI por parte dos bancos, em virtude de:

a) Inexistência de tradição e experiência no mercado.
b) Avaliação de que as securitizadoras poderão tornar-se concorrentes, na medida em que estarão buscando recebíveis no mesmo mercado em que eles estarão ofertando linhas de crédito para financiamento da aquisição.
c) Falta de oferta de CRIs no mercado, por dificuldades do mercado primário em originar recebíveis elegíveis para a securitização.

d) Na média, os bancos com carteiras de crédito imobiliário estão com aplicações imobiliárias acima do limite exigível.

A indústria de securitização de recebíveis imobiliários começa a se movimentar. Além da Cibrasec, criada há mais tempo e cujos acionistas são os maiores bancos do País, surgiram mais recentemente outras seis securitizadoras não ligadas a bancos.

O QUE FALTA FAZER PARA EXPLORAR O POTENCIAL DA SECURITIZAÇÃO?

Acredita-se que o marco regulatório da securitização complementado recentemente com a criação dos FIDCs oferece base razoável para o desenvolvimento da indústria de securitização de recebíveis no mercado brasileiro, no que diz respeito a originação e geração dos instrumentos financeiros, na forma de debêntures ou quotas de fundos para colocação no mercado.

Entretanto, existem certas condições, algumas essenciais e outras pelo menos muito recomendáveis para o desenvolvimento de mercados secundários ativos, essenciais para a funcionalidade do sistema:

1) Mercados secundários — liquidez

a) Eliminação da CPMF ou redução da alíquota para valores simbólicos

A incidência de CPMF nas transações envolvendo todos os ativos e valores mobiliários de renda fixa e quotas de fundos fechados, inclusive aqueles realizados em bolsa e mercados de balcão organizados, inviabiliza o desenvolvimento de mercados secundários indispensáveis para assegurar liquidez e formação de preços desses ativos.

A elevação do custo de transação resultante da incidência da CPMF compromete irremediavelmente a funcionalidade da securitização de recebíveis como instrumento para o financiamento de projetos de curto e especialmente de longo prazo, como é o caso de habitação e outros investimentos.

Desse modo, é imperioso eliminar a incidência ou reduzir a alíquota para um valor simbólico nas transações feitas em bolsas de valores e mercados de balcão organizados, envolvendo quotas de fundos, CRIs, debêntures e demais ativos financeiros, condição necessária para minimizar os custos de transação e viabilizar o desenvolvimento de mercados secundários ativos e líquidos. Com esse mesmo objetivo, registra-se a proposta da Andima visando a criação das contas correntes de investimento, dentro das quais a movimentação de recursos do investidor entre as várias aplicações estaria isenta do CPMF.

b) Regulamentação da carta de garantia de recompra de certificados de recebíveis imobiliários (CRIs)

Existe uma proposta formulada por grupo de trabalho no Ministério das Cidades e com a participação da CBIC — Câmara Brasileira da Indústria de Construção e da Abecip. Segundo noticiários recentes da imprensa, conta com o apoio do Ministério da Fazenda e do Banco Central.

Trata-se de criar as condições para que o mercado de securitização de recebíveis imobiliários se desenvolva mais rapidamente, através do oferecimento de garantia de recompra de CRIs, dentro de determinadas condições. Os CRIs emitidos de acordo com certas características poderiam ser vendidos a determinadas instituições a partir de certo prazo transcorrido e por um determinado preço. A garantia de recompra seria uma característica associada aos CRIs no momento da sua colocação primária, através de instituições corretoras ou distribuidoras de valores mobiliários. A idéia é estimular os bancos que atuam em crédito imobiliário a oferecerem a garantia de recompra de CRIs, de modo a atrair recursos das entidades de previdência privada para o setor.

Características da estrutura proposta:

— corretoras e distribuidoras estabelecerão, através de convênios com os bancos com carteira de crédito imobiliário, as condições em que poderão oferecer garantia de recompra dos CRIs que estejam em fase de colocação primária junto a investidores;
— os CRIs deverão possuir determinadas características previamente acordadas entre as corretoras (distribuidoras), bancos (garantidores) e companhias securitizadoras (emissoras), que privilegiem a qualidade dos papéis e minimizem os riscos envolvidos nas operações;
— os bancos deverão ser estimulados a prestar esse tipo de garantia, através de mecanismos de compensação, além de rentabilidade compatível com o negócio;
— os investidores institucionais deverão se sentir estimulados a adquirir CRIs para as suas carteiras em virtude da percepção da boa qualidade dos papéis e da sua liquidez.

Para estarem qualificados para o programa de garantia de recompra, os CRIs deverão apresentar, no mínimo, as seguintes características:

— Possuir *rating* da emissão, elaborado por agência classificadora de risco com atuação internacional, com nota considerada nível de investimento (*investment grade*).
— Ter a administração dos créditos e monitoramento das emissões de CRIs por empresa especializada, independente e sem vínculos com os originadores ou companhia securitizadora.

- Possuir estrutura de segregação completa dos ativos em relação aos originadores, além do registro dos créditos como patrimônio em separado no balanço da securitizadora.
- Estar registrado em sistema de negociação eletrônica via bolsa de valores ou Cetip.
- Possuir lastro de créditos imobiliários pulverizados, com participação máxima de um crédito no total da emissão de 2%.

Dentro do objetivo de geração de ativos de primeira linha, propõe-se que os créditos securitizados tenham determinadas características mínimas para estarem qualificados para o programa de garantia de recompra:

- Relação saldo devedor/valor de avaliação igual ou inferior a 70%.
- Não-existência de restrições cadastrais em nome dos devedores.
- Histórico de pagamentos que indique qualidade do devedor.
- Inexistência de prestações em atraso.
- Garantia de alienação fiduciária ou hipoteca.
- Existência de fluxo mensal de prestações.
- Situação fiscal e condominial regular.
- Existência de seguros de vida e danos físicos do imóvel.

As características da garantia de recompra deverão obedecer ao seguinte:

- Garantia de recompra para um percentual máximo definido de cada emissão de CRI.
- Somente poderá ser exercida após transcorrida uma proporção definida do prazo total de vencimento.

- Será exercida somente após ter sido implementada oferta sem que tenha tido comprador pelo preço ofertado, por três dias consecutivos, através do sistema de distribuição do mercado de capitais.
- A recompra será efetuada pela instituição garantidora pelo maior preço ofertado.

Segundo notícia publicada no jornal *Valor Econômico* de 08/09/03, já existe minuta de uma Resolução do CMN criando um instrumento que permitirá aos bancos assegurar liquidez aos certificados de recebíveis imobiliários (CRIs), dentro de certas condições. Dependendo da regulamentação, os bancos, utilizando recursos de depósitos de poupança, poderão assumir o papel de *market makers* do mercado de recebíveis imobiliários, desde que viabilizado o mercado secundário com a eliminação ou redução drástica da alíquota da CPMF, acima citada.

Segundo essa publicação, a proposta tem aparentemente características semelhantes às mencionadas anteriormente:

- A carta de garantia de recompra (CGR) será emitida pelo banco originador dos créditos.
- Garante aos investidores nos CRIs o direito de revendê-los à instituição financeira emissora depois de decorridos 20% do prazo total do papel, com a condição prévia de que o investidor tenha tentado vender o papel na bolsa de valores por pelo menos um pregão.
- Deságio: será estabelecida uma tabela de deságio em cada caso, na negociação do banco originador e a empresa securitizadora que comprar os créditos e emitir os CRIs.
- Serão objeto de garantia de recompra somente os CRIs representativos de créditos habitacionais. Embora se trate de

informação não-oficial, verifica-se, entretanto, a introdução de uma limitação, pela qual o banco somente poderia emitir carta de garantia para os créditos dos quais seja o originador.

c) Isonomia tributária entre os veículos SPE e FIDC
A escolha do veículo deve ser a mais apropriada à operação e não em função de tratamento tributário diferenciado. Note-se que não haverá renúncia fiscal, pois o FIDC em uso já é neutro em termos tributários.

d) Padronização de processos de securitização de recebíveis
Essa padronização pode ser objeto de auto-regulação, patrocinada pelas entidades representativas dos segmentos interessados no processo, eventualmente em cooperação com o Grupo de Trabalho do Mercado de Capitais. Trata-se de medida de importância fundamental para o desenvolvimento do mercado, que somente funciona de modo eficiente na formação de preços e suprimento de liquidez quando os ativos financeiros têm as características de *commodities*.

2) Outras propostas

a) Propostas voltadas para ampliação de mercado, redução de custos e de incertezas jurídicas ligadas à securitização de recebíveis imobiliários:
— redução da aplicação mínima de R$ 300 mil em CRIs;
— eliminar incidência de ITBI na retomada do imóvel;
— estabelecer escala decrescente (ou mesmo valores fixos) para os custos cartorários;
— organizar cadastro com informações relativas à capacidade de pagamento dos tomadores de financiamentos;

— consolidar jurisprudência referente ao procedimento extrajudicial de retomada dos imóveis em caso de inadimplência acima de 90 dias (alienação fiduciária).

b) Proposta de regulamentação da CSCB — Cia. Securitizadora de Créditos e Bens

Lei especial criando e regulando:
— propósito específico e estatuto restrito;
— regime de concordata e de falência específico liquidação extrajudicial;
— titularidade sem a propriedade e patrimônio separado;
— tratamento fiscal equivalente aos fundos;
— controle acionário e administração por *trust*.

c) Difusão da cultura de mercado de capitais: educação de investidores, agentes de mercado e empresas

Na análise dos fatores e condições necessários para o uso eficiente dos instrumentos e mecanismos do mercado de capitais, fica evidenciada a prioridade que deve ser atribuída à difusão dessa cultura e à educação de todos os agentes que participam do processo.

O desconhecimento e a falta de experiência na utilização dos instrumentos e mecanismos examinados são obstáculos a serem superados. Programas voltados à qualificação de investidores individuais e institucionais, empresários, agentes de mercado e equipes de órgãos reguladores e do público em geral são componentes fundamentais para determinar a velocidade e eficácia com que possam ser extraídos os benefícios dessas soluções do mercado de capitais.

Capítulo VII

Financiamento de projetos de investimento e infra-estrutura; *project finance*; PPP — parceria público-privada

DESAFIOS ATUAIS E EXPERIÊNCIA INTERNACIONAL

O aumento das taxas de crescimento da economia brasileira requer a elevação da taxa de investimento, cujo nível atual, inferior a 18% do PIB, é dos mais baixos da última década.

A elevação dos investimentos envolve um duplo desafio:

a) Criar condições para a elevação dos investimentos privados, destinados à ampliação da capacidade produtiva e à elevação da produtividade de bens e serviços em geral e especialmente de bens comercializáveis, compatíveis com a aceleração do crescimento da renda e do emprego, e de modo a sustentar a continuidade do processo de abertura da economia brasileira; para isso, deve-se atingir e manter níveis de competitividade suficientes para sustentar a ampliação dos fluxos de comércio ao mesmo tempo em que se assegure a permanência dos superávits comerciais necessários para reduzir a vulnerabilidade externa.

b) Realizar os investimentos indispensáveis para ampliar a oferta de serviços de infra-estrutura, de modo a evitar que os mesmos representem pontos de estrangulamento na retomada do crescimento e assegurar a manutenção de custos compatíveis com a competitividade externa.

Além de promover a consolidação de instituições que sustentem a confiança dos investidores, como é o caso do estabelecimento de marcos regulatórios adequados e estáveis, é essencial resolver a questão do financiamento. Não se trata de soluções pontuais. O desafio é a criação de condições que garantam a funcionalidade do sistema financeiro, bancos e mercados de capitais, permitindo que se cumpra com eficiência sua missão de mobilizar os recursos de poupança financeira e promover sua alocação com a máxima eficiência alocativa e ao menor custo possível.

A experiência internacional demonstra que as economias mais bem-sucedidas têm utilizado crescentemente instrumentos e mecanismos do mercado de capitais para promover o financiamento de investimentos, da produção e do consumo.

MAIORIA DAS EMPRESAS PRIVADAS SUBINVESTE E UTILIZA RECURSOS PRÓPRIOS

A maioria das empresas brasileiras é levada a funcionar e investir contando quase exclusivamente com recursos próprios. Recente pesquisa da Confederação Nacional da Indústria permite extrair as seguintes conclusões:

a) A capacidade de investir é dada pela disponibilidade de recursos próprios.
b) É alta a participação de empresas de pequeno e médio portes que subinvestem.
c) No acesso a recursos de terceiros, há grande dependência dos bancos oficiais.

d) O acesso ao mercado de capitais e a formação de parcerias contribuem apenas marginalmente para o financiamento.
e) A falta de capacidade financeira para investir em tecnologia aflige a maioria das empresas industriais.

As implicações dessa situação são extremamente negativas:

a) Persistência de níveis reduzidos de investimento privado que representa um limite ao crescimento sustentável do PIB.
b) Dificuldade de agregar conteúdo tecnológico ao produto industrial; limitação ao crescimento das exportações.

Os desafios colocados nesse mesmo trabalho são:

a) Ampliar alternativas para o financiamento de longo prazo através do mercado de capitais:
   — aproximação com as empresas;
   — redução de custos acessórios;
   — estímulo à melhoria da governança;
   — incentivo à poupança de longo prazo;
   — redução da carga tributária.
b) Aumentar a eficiência do investimento público e a geração de externalidades positivas:
   — foco em infra-estrutura e tecnologia;
   — interação com o setor privado na definição dos projetos mais relevantes;
   — estímulo à participação dos investimentos privados (PPP);
c) Reduzir o custo de oportunidade do financiamento da produção.
d) Estreitar os *spreads* bancários.
e) Aumentar a oferta de crédito bancário.

ALTERNATIVAS PARA O FINANCIAMENTO DE INVESTIMENTOS EM INFRA-ESTRUTURA

COLOCAÇÃO DO PROBLEMA

No âmbito do setor público, os recursos para investir são escassos, dado o comprometimento com a dívida pública. Dada a necessidade de geração de superávits primários visando a redução dos níveis de endividamento e a criação de condições para uma queda sustentável da taxa de juros, os recursos destinados a investimentos, notadamente na área de infra-estrutura, são reconhecidamente insuficientes.

Nos últimos anos, com o processo de privatização, houve aumento significativo dos investimentos do setor privado em infra-estrutura, além de alguns setores intensivos em capital.

Investimentos por setor (bilhões de reais)

- Telecomunicações: 73,0 (1998-2002).
- Ferrovias: 2,6 (1996-2002).
- Rodovias: 10,0 (1998-2001).
- Petróleo: aprox. 15,0 por ano.
- Energia (geração e transmissão): aprox. 10,0 por ano.
- Siderurgia: 12,2 (1994-2002).
- Papel e celulose: 5,3 (1994-2002).

No Plano Plurianual (PPA) 2004-2007 estão previstos grandes investimentos de infra-estrutura: mais de R$ 200 bilhões em energia (eletricidade, petróleo e gás), cerca de R$ 40 bilhões em transporte e logística, R$ 20 bilhões para saneamento e infra-estrutura urbana, cerca de R$ 20 bilhões para habitação e quase R$ 10 bilhões para infra-estrutura hídrica. Segundo informações do Ministério do Planejamento, a expectativa é a de captar cerca de R$ 30 bilhões de investidores privados para apoiar o financiamento desses projetos.

Os desafios para atingir esse objetivo não são triviais e têm sofrido a influência de crises e eventos recentes com impacto no posicionamento de investidores e empresas multinacionais:

— Setor privado tem limitado apetite para risco originários em incertezas ou deficiências regulatórias que impactam diretamente no balanço econômico-financeiro-comercial das empresas.
— Dificuldade de alocar recursos privados para certas áreas que são de interesse estratégico e de baixa rentabilidade
— Longa fase de construção, com dificuldade de garantir receita, em caso de falha *performance* e *completion* (setor financeiro com reduzido apetite para modelos tipo *project finance*).
— Pouco fluxo de recursos para mercados emergentes.
— Mudança do conceito de crédito após crises financeiras de grandes grupos econômicos.
— Maior "suspeita" de estruturas "fora do balanço" exigindo maior esforço financeiro por arte dos investidores.
— Particularidades do "modelo brasileiro" não se enquadram na experiência dos investidores e/ou financiadores.
— Limitações à viabilidade, como renda *per capita*, extensão territorial, grande diversidade geográfica e concentração urbana podem ser agentes limitantes à viabilidade do empreendimento.

ALTERNATIVAS DE FINANCIAMENTO COM A
PARTICIPAÇÃO DO SETOR PRIVADO

Pode-se identificar pelo menos três modelos básicos para o financiamento de investimentos de infra-estrutura com participação de investidores privados.

a) *Corporate finance*: financiamento de projetos de investimento relacionados com a expansão de capacidade produtiva de empresas produtoras de serviços de infra-estrutura, cuja viabilidade se sustenta principalmente nas condições econômico-financeiras da empresa.

b) *Project finance*: para projetos econômica e financeiramente viáveis, cujo fluxo de caixa gerado é suficiente para a amortização e a remuneração dos capitais investidos; principais características:
— calcado em fluxo de caixa;
— auto-sustentável;
— equivalência entre as partes;
— gestão compartilhada;
— participação facultativa do setor público;
— viabilidade comercial;
— remuneração variável.

Os projetos de investimento em infra-estrutura em que a iniciativa privada vem se encarregando no Brasil, através de programa de concessão, têm estruturado seu sistema de captação de fundos através de três canais:

— recursos próprios de investimentos dos empreendedores;
— recursos de financiamento tomados no sistema BNDES;
— recursos de investidores tomados em conceito de *project finance* através de debêntures de renda fixa ou variável.

c) *Parceria público-privada (PPP)*: para projetos considerados de interesse público, cuja viabilidade econômica e financeira não se sustenta, e nos quais a participação de investidores privados, objeto de licitação, requer a concessão de garantias do setor público, especialmente no sentido de assegurar a remuneração e amortização dos capitais investidos. Principais características:

- calcado em dotação orçamentária;
- sem auto-sustentação;
- prevalência do público;
- gestão tutelada;
- participação necessária do setor público;
- viabilidade facultativa;
- pagamento condicionado a metas ou resultados.

É relevante mencionar alguns dos principais problemas identificados nessas situações em que os resultados para os investidores privados dependem de decisões e garantias do setor público:

a) Responsabilidade dos sócios privados
  - solidariedade na implantação;
  - operação e *step-in-rights*;
  - garantias em caso de encampação ou inadimplência (não-financeira).
b) Garantias para financiamentos
  - ativos do projeto;
  - recebíveis públicos e privados;
  - seguros.
c) Complexidade
  - frustração de expectativas;
  - prazos dilatados e paralisações.

Algumas propostas de soluções localizadas passam pelo seguinte:

a) Utilização de fundos setoriais
  - FII e FIDC (CEF);
  - colchão de liquidez;
  - receitas orçamentárias ou não;

- gestão independente;
- TPR.
b) Outras soluções
- vinculação de receitas;
- *leasing* e derivativos.

Um exame mais detalhado da estruturação de PPPs permite identificar várias alternativas de encaminhamento para cada uma das questões:

1) Nas PPPs, a participação dos setores público e privado deve ser claramente definida.

a) Ao setor privado cabe a responsabilidade pelo financiamento, construção, operação e manutenção da infra-estrutura.
b) Ao setor público cabe:
   - estabelecer os marcos legal e regulatório adequados aos contratos de parceria;
   - viabilizar a fase inicial do projeto por meio de linhas de crédito contingente ou rotativo;
   - incentivar a alocação de poupança privada no *funding* dos projetos de infra-estrutura;
   - estabelecer metas, critérios de qualidade para obras e serviços;
   - assegurar a remuneração ao parceiro privado por meio de garantias ou avais;
   - promover o desenvolvimento dos mercados secundários de títulos corporativos e hipotecários.

2) Alternativas de equacionamento de algumas questões relativas ao *funding* e às garantias aos investidores privados sob a forma de PPPs.

a) As PPPs permitem a estruturação de engenharias financeiras adequadas a cada modalidade de empreendimento e com isso viabilizam a captação de recursos para cada projeto específico, minimizam a possibilidade de descasamento de fluxos de recebimento e pagamento, além de garantir a remuneração dos investidores de acordo com a liquidez e risco de crédito dos títulos de dívida emitidos para financiá-lo.
b) Recursos e fundos requeridos e algumas alternativas.
 — Financiamento das etapas iniciais dos projetos — poderia ser criado pelo BNDES um fundo de infra-estrutura, seguindo proposta do BID, para levantar US$ 1 bilhão, destinado ao financiamento de projetos de transporte, energia, água e saneamento (1); esse fundo poderia ainda conceder garantias parciais de crédito a títulos vinculados aos projetos, bem como investir parte de seus recursos em cotas de fundos de investimento em direitos creditórios.
 — Fundos de aval para garantir a remuneração do projeto em sua fase operacional; podem ser consideradas três opções:
   • securitização de créditos do Tesouro Nacional inscritos na dívida ativa: emissão pelo TN de títulos de médio e longo prazos em proporção dos recebíveis constituídos pelos créditos do TN inscritos na dívida ativa da União;
   • emissão de títulos lastreados por aluguéis e patrimônio da União;
   • uso dos recursos da Cide para avalizar os projetos de transporte; e do FGTS, FAT e caderneta de poupança para avais a projetos de saneamento e habitação.
 — Os financiamentos complementares devem ser estruturados de acordo com as características de cada projeto, podendo envolver:

- colocação de debêntures emitidas diretamente pelas SPEs beneficiários finais, podendo contar com a garantia do BID e ainda com a possibilidade do BNDES emitir certificação de qualidade dos projetos e garantir liquidez ou regra para saída do investidor dada a adimplência do projeto;
- o BNDES pode emitir títulos vinculados a projetos específicos ou lastreados na carteira de ações do SBNDES para financiar esses projetos;
- utilização dos FIDCs e os fundos setoriais de captação e investimento em dívida mobiliária e recebíveis, combinando agregação de créditos, mitigação de risco e melhora da qualidade dos títulos de dívida corporativa;
- no caso de construção de núcleos habitacionais providos de saneamento, energia elétrica, telecomunicação e vias de acesso, é recomendável a criação de fundos de investimentos imobiliário (FIIs) lastreados em recebíveis originados de contratos de compromisso de compra, de venda, de aluguéis e de taxas de serviços, provenientes do financiamento de projetos de interesses social (Pips). Nos termos da Lei 10.735/03, os recursos do Pips financiam, em até 60 meses, no máximo 30% do valor de cada projeto enquadrado como de interesse social; as instituições financeiras utilizariam um percentual de sua captação para aquisição de cotas dos FIIs. E o subsídio relativo à equalização entre o custo do financiamento e a taxa de retorno dos recebíveis oriundos de cada projeto seria coberto pelo TN. As especificidades de financiamento de cada projeto seriam objeto de contrato entre a União e a instituição financeira responsável.

PROPOSTAS E SUGESTÕES

A PPP PODERÁ SER FINANCIADA POR *PROJECT FINANCE*[1]

A modelagem *project finance* não é acima de tudo um meio de compartimentar e compartilhar os riscos, mitigando-os significativamente, permitindo a cada participante escolher a parcela de risco/retorno que lhe é mais atrativa. Na PPP o Estado poderá negociar com a iniciativa privada o papel que deseja desempenhar, contando para isso com as ferramentas do *project finance* para viabilizar seus acordos e projetos.

Usando a experiência do Plano Nacional de Desestatização, que foi quase integralmente financiado pela modelagem *project finance*, e gerou mais de US$ 25 bilhões entre 1995 e 2002, pode-se concluir que o apoio dos governos estaduais e um forte suporte regulatório serão também vitais para o sucesso das PPPs. Usando essa mesma experiência, pode-se inferir que as PPPs terão que superar as seguintes barreiras.

1) Confiança e segurança

Os setores que poderão ser beneficiários são os de energia, saneamento, habitação, rodovias principalmente, mas, terão que possuir marcos regulatórios claros, confiáveis, estáveis e atrativos à iniciativa privada, o que a maioria ainda não possui hoje.

2) Respeito dos interesses das partes envolvidas

Embora o anteprojeto de lei fale na "precedência em relação a demais obrigações contratuais" e também admita a vinculação e caução das receitas, todos aqueles que têm uma experiência na área

---
[1] Baseado no trabalho de Claudio Augusto Bonomi (Anexo II).

sabem que o efetivo cumprimento nem sempre ocorre, vide caso de algumas concessões rodoviárias e de saneamento ocorridas. Ter uma normatização clara e que realmente obrigue o administrador público a cumprir os contratos, é absolutamente imprescindível.

3) Remuneração e equilíbrio econômico financeiro dos contratos

Os empreendimentos PPP serão aqueles que demandarão que o Estado destine verbas orçamentárias para viabilizá-los, será muito difícil dimensionar qual será esse montante ao longo da vida da concessão e como ficarão os ganhos de produtividade conseguidos. O conceito que tem balizado e arbitrado tantos contratos, o equilíbrio econômico financeiro, será duramente posto à prova e seria conveniente estabelecer alguma metodologia prévia para nortear as decisões.

4) Riscos e garantias *versus* financiamentos

Os *projects finance* sempre têm dificuldades para formalizar garantias no período pré-operacional, *completion*, na PPP estas dificuldades serão naturalmente maiores. Quem assumirá o custo que excede o projeto *cost overrun*? Há muitas limitações legais orçamentárias para que o Estado possa fazê-lo. Quem dará as garantias de complementação de capital *equity contribution* ou *project contribution agreement* caso o projeto exija correções de valor? Limitações orçamentárias impedirão o Estado e, caso a iniciativa privada o realize sozinha, teremos alterações indesejáveis na distribuição das participações societárias. Quem fornecerá as garantias de aval, carta de conforto *confort letter, keep-well agreement*? Quem será o beneficiário dos seguros-garantia, tão freqüentes e necessários para a mitigação dos riscos? Não será fácil arbitrar a quem cabe a responsabilidade do sinistro.

Na fase operacional também teremos questões a resolver, será o concedente ou o concessionário que se comprometerá com as obrigações de fazer e não fazer — *covenants*? Quais são as penalidades possíveis de serem aplicadas, aceleração da divida etc.

O anteprojeto de lei fala da "repartição dos riscos de acordo com a capacidade dos contratantes", mais do que nunca a solução desta questões terá que passar por uma exaustiva negociação, usualmente um *project finance* leva de 9 a 18 meses para ser estruturado, no caso da PPP não podemos imaginar um período menor que este.

Quando iniciamos os *project finance* na privatização, estas questões nos pareciam insolúveis, o que veio a se mostrar falso, mas, hoje, sabendo o que nos espera, valeria a pena tentar criar previamente algumas condições facilitadoras e agilizadoras. Talvez a criação do "gestor da PPP", como na desestatização, seja uma boa solução.

5) BNDES

Um capítulo especial merece ser dedicado ao papel que terá este banco, que é o principal, senão único, fornecedor de financiamentos de longo prazo. Não será um bom caminho ele tentar livrar-se de todo o risco, transferindo-o à iniciativa privada ou exigindo dela garantias adicionais fora do projeto, em vista das limitações legais do Estado em fornecê-las.

Será recomendável que ele procure entender profundamente os riscos do projeto e use os instrumentos mitigadores como seguro, *hedges*, mecanismos derivativos etc. Por exemplo, não adianta repassar empréstimos com a famosa "cesta de moedas", os empreendimentos terão suas receitas em reais, o risco cambial do financiamento poderá comprometê-lo em algum momento, por que não procurar um *hedge* com a Secretaria de Tesouro Nacional, ou com o Banco Central do Brasil, e já oferecer o financiamento em reais, indexado com um corretor compatível com as receitas?

6) Governança corporativa e transparência

No processo de privatização é obrigatório que as sociedades vencedoras da licitação, que são normalmente sociedades de propósito específicos criadas para tal, as SPEs, sejam SA de capital aberto e obedeçam às regras de governança corporativa, este é o mecanismo que melhor tem se mostrado para controlar a concessão.

7) Flexibilidade das partes

Esta talvez seja a questão mais complexa para ser atendida por um país onde prevalece o direito romano, que tudo pretende regular.

Embora possa parecer contraditório com o que até aqui foi dito, é vital que toda a regulamentação criada tenha certa flexibilidade, não podemos esquecer que cada caso é um caso em *project finance*, exigindo soluções próprias e peculiares. Os bancos e investidores terão de compreender as limitações do Estado e este, por sua vez, terá de ser suficientemente hábil para não desestimulá-los com uma estafante e incompreensível burocracia. Trata-se de encontrar um ponto de equilíbrio muito delicado, com um cuidado muito grande com os detalhes da regulamentação até a licitação.

Pode-se concluir que a PPP é um aprimoramento no processo de concessões que veio para ficar e o *project finance* não só é um instrumento adequado a financiá-lo, mas imprescindível para sua implementação. As experiências com o processo de privatização devem sem aproveitadas para viabilizar a implementação das PPPs.

ASPECTOS JURÍDICOS DAS PPPS[1]

As principais observações são as seguintes:

1) em vigor desde 11 de janeiro de 2003, o novo Código Civil é confuso e ultrapassado na parte societária e empresarial. Além disso, os novos conceitos introduzidos nas rela-

---

[1]Baseado no pronunciamento do dr. Francisco Antunes Maciel Müssnich (Anexo II).

ções contratuais, como por exemplo, o princípio da boa-fé objetiva, abriram a possibilidade de novas interpretações, criando enorme insegurança nas relações jurídicas, antes certas e consumadas. Adicionalmente, as significativas modificações implementadas com respeito às sociedades limitadas, que até então eram regulamentadas com simplicidade e inteligência, fizeram com que fosse perdida a maior e, talvez, mais significativa característica daquele tipo societário: a flexibilidade.

Mais parecidas com as sociedades anônimas sem, contudo, o brilho da respectiva legislação, as limitadas foram transformadas em sociedades complexas, caras e burocráticas, também invadidas pela insegurança de uma lei flagrantemente pobre no que diz respeito à técnica societária.

2) O chamado *project finance* fundamenta-se na segmentação do risco de determinado empreendimento, de maneira que os investidores financeiros nele envolvidos possam escolher a parcela do risco e o respectivo retorno mais adequado à sua carteira de investimentos. É exatamente a possibilidade de escolha da parcela de risco a que se expõe o investidor que diferencia o *project finance* das operações financeiras tradicionais realizadas com base em garantias reais e performances financeiras. As instituições financeiras no país parecem não desfrutar do mesmo conceito de *project finance*, já que, em sua maioria, requerem dos investidores garantias até mesmo pessoais, as quais, não é preciso dizer, são incompatíveis com o *project finance* propriamente dito.

3) *Trusts* são entidades que têm como característica essencial a separação do controle e da propriedade, ou seja, quem in-

veste seus ativos (dinheiro, títulos, imóveis, por exemplo) em um *trust*, deixa de ser o proprietário legal de tais ativos. Neste caso, a figura do *trustee* passa a ser responsável pela gerência desses bens, que deve ser realizada sempre em prol dos beneficiários, e com respeito às normas previstas no documento de constituição do *trust*, conhecido como *deed of trust*. A sugestão de criação deste instituto, tão amplamente difundido e utilizado no direito anglo-saxão, pela legislação brasileira, visa permitir maior agilidade na criação das estruturas que exigem a propriedade fiduciária.

PPP: RECOMENDAÇÕES GERAIS

Relativamente às parcerias públicas-privadas, recomenda-se o seguinte:

a) a primeira alocação de riscos deve ser feita entre público e privado;
b) recursos públicos garantiriam fase de construção e promoveriam uma "over-colaterização" no fluxo de caixa do empreendimento;
c) recursos públicos podem ser financeiros ou garantia sob a forma de diferentes ativos (financeiros ou não);
d) fundo de infra-estrutura lastreado em ações de empresas públicas, recebíveis governamentais, receitas futuras de taxas e impostos, ágios de privatizações;
e) PPP deveria não permitir/limitar a fuga de recursos do setor de infra-estrutura;
f) criação de fundos setoriais de infra-estrutura possibilitaria a participação dos usuários e outras partes beneficiadas com o empreendimento.

PPP NOS INVESTIMENTOS NO SETOR DE SANEAMENTO

A parceria público-privada (PPP) pode ser uma resposta adequada para o financiamento de investimentos em saneamento, desde que superados alguns obstáculos.

a) Dadas as condições atuais do setor, uma estrutura de PPP deveria:
  — resolver o problema das CESBs de renovar/contratar as concessões de prestação de serviços junto às prefeituras, efetuando subconcessões do serviço de saneamento básico;
  — diminuir o desconforto dos municípios em conceder licenças sem garantir efetivamente os investimentos; e
  — mitigar os riscos que os parceiros privados possam encontrar.
b) Portanto, seria crucial garantir:
  — uma solução desenhada em conjunto com o governo estadual de acordo com as políticas para o setor;
  — uma alternativa que repasse às prefeituras parte dos benefícios da concessão;
  — um entendimento com as fontes de financiamento acerca da estrutura desde o seu início; e
  — regras comerciais, operacionais e financeiras definidas de antemão para todo o prazo do projeto.

NECESSIDADE DE MARCO REGULATÓRIO

É essencial definir marco regulatório adequado, especialmente nos setores de energia e saneamento, cuja falta gera riscos adicionais, principalmente:

— incertezas com relação às renovações das concessões;
— incerteza quanto à sustentabilidade do modelo proposto;

- incertezas de reajuste tarifário;
- ausência de regras claras;
- dificuldade de cortes no caso de inadimplência.

Importância das Entidades de Previdência Privada no Financiamento de Infra-estrutura

Dada a magnitude dos recursos administrados e a necessidade de realizar aplicações de longo prazo consistentes com o perfil de seus compromissos atuariais, as EFPCs (fundos de pensão) constituem o segmento de investidores institucionais com maior potencial para participar de estruturas de financiamento ligadas às PPPs.

Algumas das principais questões relacionadas com a participação dos fundos de pensão nas PPPs são:

- liderança em processos de financiamento em infra-estrutura;
- possibilidade de manutenção da meta atuarial;
- necessidade de criação do mercado secundário para os títulos, de modo a assegurar liquidez (*way-out*);
- flexibilização dos limites das entidades de previdência. Atualmente até 3% da carteira da renda variável;
- flexibilização dos critérios de distribuição pública;
- possibilidade das entidades de previdência privada aproveitarem o contencioso gerado pela MP nº 2222/01.

Debêntures de Participação: Instrumento de Financiamento de Investimentos

As debêntures de participação oferecem uma série de características extremamente favoráveis para servir de instrumento de financiamento de investimentos.

- Flexibilidade no regramento:
  - renda variável;
  - renda mínima assegurada.
- Parceria sem a necessidade do vínculo societário.
- Conceito de parceria no resultado sem exposição ao risco total.
- Conversibilidade em bens ou direitos gerados pela própria atividade:
  - direitos da minoria preservados (*golden share*).

CAPÍTULO VIII
Sistema de distribuição: mercado secundário e derivativos

DESAFIOS ATUAIS E EXPERIÊNCIA INTERNACIONAL

A eficiente operação dos mercados secundários de quotas de fundos, títulos de dívida, inclusive debêntures de securitização e certificados de recebíveis imobiliários constitui condição essencial para que esses instrumentos atendam ao objetivo central de viabilizar a oferta de financiamento de longo prazo para investimentos públicos e privados e habitação.

É fundamental entender que mesmo para os investidores com visão de longo prazo, condicionada pela própria natureza de suas obrigações, como é o caso dos fundos de pensão, a garantia de liquidez é essencial para a alocação de seus recursos em títulos de longo prazo. A ausência de mercados secundários ativos e líquidos, além de comprometer esse aspecto, compromete outra característica irrecusável para investidores institucionais em geral, de vez que compromete a formação de preços, a valorização dos investimentos e a própria apuração da taxa de retorno desses ativos.

A escala e a liquidez de mercados secundários são utilizadas em todo o mundo para medir o grau de desenvolvimento e eficiência dos mercados de capitais. Ao assegurar liquidez para os investidores e o suprimento de recursos de longo prazo para investimentos e habitação, esses mercados garantem a funcionalidade dos instrumentos que negociam.

MERCADO SECUNDÁRIO DE TÍTULOS DE DÍVIDA E OUTROS VALORES MOBILIÁRIOS: AVANÇOS RECENTES ASSEGURAM MOLDURA INSTITUCIONAL E SISTEMAS OPERACIONAIS EFICIENTES

O mercado secundário de ações já alcançou no Brasil padrões regulatórios e operacionais de nível internacional. O mercado secundário de títulos de dívida e quotas de fundo caminha rapidamente para atingir esses mesmos padrões.

As iniciativas de auto-regulação adotadas pela Anbid, sistemas de registro da Andima, a criação do Bovespa Fix e do Soma Fix, mercados para a transação de valores mobiliários e outros títulos, a implantação do *e-bookbuilding*, a regulamentação do *market maker* (já operando em renda variável e proximamente para renda fixa), a criação de debêntures padronizadas (em audiência pública na CVM) além de comitês da Bovespa para a contínua atualização desses instrumentos asseguram moldura institucional e sistemas operacionais eficientes para o desenvolvimento desse mercado.

CPMF É OBSTÁCULO À OPERAÇÃO E DESENVOLVIMENTO DO MERCADO SECUNDÁRIO

A incidência da CPMF, onerando cada transação em 0,38% nas transações envolvendo todos os ativos e valores mobiliários de renda fixa e quotas de fundos fechados, inclusive aquelas realizados em bolsa e mercados de balcão organizados, inviabiliza o desenvolvimento de mercados secundários indispensáveis para assegurar liquidez e formação de preços desses ativos.

A elevação do custo de transação resultante da incidência da CPMF compromete irremediavelmente a funcionalidade da securitização de recebíveis como instrumento para o financiamento de projetos de curto e especialmente de longo prazo, como é o caso de habitação e outros investimentos.

OUTRAS PROPOSTAS

Outras propostas para o desenvolvimento do mercado secundário envolvem o seguinte:

— processo de *market maker* para dívida e ações, já aprovado pela CVM e em fase de regulamentação na Bovespa;
— acompanhamento e distribuição de informação no mercado secundário, por meio de boletins periódicos, acerca dos valores mobiliários por ele distribuídos;
— equipes de distribuição mais envolvidas no mercado secundário;
— estimular a colocação dos títulos nas redes de varejo e na internet;
— criação da figura do "operador de debêntures" na mesa de operações;
— criar mecanismo de estabilização de preço/liquidez após colocação dos títulos;
— possibilidade de negociação *short;*
— possibilidade de *green shoe* no mercado primário.

ANEXOS

I / PALESTRANTES E DEBATEDORES DO II ENCONTRO CODEMEC

II / TEXTOS

ANEXO I

Palestrantes e debatedores do II Encontro Codemec

PALESTRANTES E DEBATEDORES

ABERTURA	
João Paulo dos Reis Velloso	IBMEC
Marcos de Barros Lisboa	MINISTÉRIO DA FAZENDA
José Carlos Miranda	MINISTÉRIO DO PLANEJAMENTO
René Garcia	SUSEP
Carlos Antonio Rocca	IBMEC

PAINEL 1: FUNDOS DE *VENTURE CAPITAL*, *PRIVATE EQUITY* E FUNDOS SETORIAIS	
Sérgio Cutolo dos Santos	ANBID
Thomas Tosta de Sá	COMITÊ DE COORDENAÇÃO DO PLANO DIRETOR
Cláudio Villar Furtado	FGV
Luiz Martins de Mello	FINEP
Nelson Rosental	GP INVESTIMENTOS

PAINEL 1 — CONTINUAÇÃO	
Francisco Antunes Maciel Müssnich	BARBOSA, MÜSSNICH & ARAGÃO
Sergio Spinelli Silva Jr.	MATTOS FILHO
Luiz Serafim Spínola	ABRASCA
Mauro Arruda	SEBRAE
Sonia Fonseca	ABRAPP

PAINEL 2: SECURITIZAÇÃO DE RECEBÍVEIS; FUNDOS DE RECEBÍVEIS	
Luciano de Burlet	ANDIMA
Roberto Troster	FEBRABAN
Alexandre Zakia	ANBID
Artur Parkinson	SECOV
Charles Mann de Toledo	BOVESPA
Carlos Augusto Lopes	UQBAR
Pedro Klumb	SERVIÇOS FINANCEIROS IMOBILIÁRIOS
Carlos Fagundes	ANDIMA
José Barreto da Silva Netto	ANDIMA
Ricardo Martins	CONCÓRDIA / SADIA
Mauro Sérgio de Oliveira	ABRASCA
Patrícia Bentes	ABRASCA
Maurício Ribeiro	ABRASCA
Elaine de Paula Palmer	BARBOSA, MÜSSNICH & ARAGÃO
Mauro Arruda	SEBRAE
André Costa Carvalho	FIESP
Marcel Domingos Solimeo	ACSP

PAINEL 3: FINANCIAMENTO DE PROJETOS DE INVESTIMENTO E INFRA-ESTRUTURA: PROJECT FINANCE, PPP	
Marcos de Barros Lisboa	MINISTÉRIO DA FAZENDA
João Carlos Cavalcanti	BNDES
Sergio Weguelin	BNDES
José Carlos Miranda	MINISTÉRIO DO PLANEJAMENTO
Claudio Augusto Bonomi	IBEF, FGV-EAESP
Francisco Anuatti Neto	FIPE
Marcos Haftel	YALA
Leopoldo Sposato	IFC
Ricardo Penna de Azevedo	ABRASCA
Simone Saísse Lopes	CNI
Paulo Roberto Zendron de Brito	ANBID
Eduardo Serra	ANBID
Francisco Antunes Maciel Müssnich	BARBOSA, MÜSSNICH & ARAGÃO

PAINEL 4: SISTEMA DE DISTRIBUIÇÃO, MERCADO SECUNDÁRIO E DERIVATIVOS	
Gilberto Mifano	BOVESPA
João Carlos Zani	ANBID
Luiz Macahyba	ANDIMA
Ney Castro Alves	ADEVAL
Alvaro Bandeira	APIMEC
Suli Fontaine	CVM
Sérgio Goldenstein	BACEN

ANEXO II

Textos

FINANCIAMENTO DOS PROJETOS DO PARA 2004-2007

*José Carlos Miranda**

A VIABILIZAÇÃO de alguns dos projetos de investimento prioritários do PPA 2004-2007 requer a implementação de engenharias financeiras que pressupõem um novo tipo de relação entre os setores público e privado. Além das concessões de serviços e obras públicas, que continuarão a ocorrer sempre que estes puderem ser remunerados pelo usuário final (Lei nº 8.987/95), necessita-se de parcerias público-privadas (PPPs), para as quais é preciso lei específica.

As PPPs viabilizam a prestação de serviços ou a geração de ativos de infra-estrutura quando a remuneração de tais empreendimentos não possa ser efetivada pelos usuários finais. Em tais casos, os pagamentos são assumidos parcial ou integralmente por recursos orçamentários. As vantagens para o setor público são o diferimento, ao longo do tempo, dos desembolsos referentes ao investimento realizado pelo setor privado; e o pagamento da prestação de serviços à

*Chefe da Assessoria Econômica do Ministério do Planejamento.

medida que estes são disponibilizados e alcançam as metas prefixadas contratualmente.

Cabe ao setor privado, em tais parcerias, a responsabilidade pelo financiamento, construção, operação e manutenção da infra-estrutura. O governo deve estabelecer metas, critérios de qualidade para obras e serviços, marcos legal e regulatório adequados aos contratos de parceria. As ações de Estado devem, também, viabilizar a fase inicial do projeto por meio de linhas de crédito contingente ou rotativo; incentivar a alocação de poupança privada no *funding* dos projetos de infra-estrutura; assegurar a remuneração ao parceiro privado por meio de garantias ou avais; e promover o desenvolvimento dos mercados secundários de títulos corporativos e hipotecários. Esta nota técnica tem como objetivo discutir o *funding* e as garantias aos investimentos sob a forma de PPPs.

A primeira questão a discutir é se deveriam ser feitas captações para projetos específicos ou para uma carteira de projetos. E se as captações deveriam ficar centralizadas em poucas — BNDES, por exemplo — ou em várias instituições.

1) A criação de um único fundo, que incorpore aqueles de poupança compulsória já existentes (FGTS, FAT, Fundo Social/BNDES, Fust, PIS), outros novos fundos setoriais a serem criados e os recursos da caderneta de poupança, para o financiamento dos projetos prioritários de infra-estrutura econômica e social, é uma engenharia por demais complexa e envolve riscos de descasamento de fluxos de receita e despesa.

2) Projetos de fornecimento e tratamento de água, de saneamento e de habitação para áreas e populações mais carentes têm características financeiras, regulatórias e de público-alvo distintas daquelas dos projetos de energia, transporte e logística.

Tais diferenças implicam fundos com liquidez e risco de crédito diferenciados e, portanto, com exigências de garantias e remunerações diversas.

3) Uma das vantagens das PPPs é a flexibilidade que oferecem à estruturação de engenharias financeiras adequadas a cada empreendimento específico. A captação para um projeto específico minimiza a possibilidade de descasamento de fluxos de recebimento e pagamento e garante a remuneração, aos investidores, de acordo com a liquidez e risco de crédito dos títulos de dívida emitidos para financiá-lo.

O fato de haver captações para projetos específicos não implica que não existam procedimentos financeiros operacionais comuns, nem a possibilidade de constituição de *funding* compartilhado por projetos de características semelhantes.

Quaisquer que sejam os projetos sob PPP, serão necessários dois tipos de fundos: um para aval de contratos de PPP e outro para o financiamento da etapa inicial do projeto (*finance*).

Os fundos de aval objetivam garantir a remuneração do projeto em sua fase operacional. Aqui pode-se pensar em quatro opções:

1) Securitização de créditos do Tesouro Nacional inscritos na dívida ativa: emissão pelo TN de títulos de médio e longo prazos em proporção dos recebíveis constituídos pelos créditos do TN inscritos na dívida ativa da União.
2) Emissão de títulos lastreados por aluguéis e patrimônio da União.
3) Uso dos recursos da Cide para avalizar os projetos de transporte e do FGTS, FAT e caderneta de poupança para avais a projetos de saneamento e habitação.
4) No caso do financiamento das etapas iniciais dos projetos, pode-se pensar na criação, pelo BNDES, de um fundo de infra-

estrutura para outorgar crédito aos encarregados de formulá-los e iniciar suas execuções. Esse fundo pode seguir a proposta do BID, de levantar US$ 1 bilhão, para *funding* dos projetos de transporte, energia, água e saneamento. Ele seria composto de empréstimos de US$ 300 milhões ao BNDES e US$ 75 milhões ao setor privado pelo BID; pelo aporte do equivalente a US$ 200 milhões em reais pelo BNDES; US$ 125 milhões por instituições financeiras internacionais através de empréstimos tipos A e B do BID; e aporte do equivalente a US$ 300 milhões em reais por instituições financeiras e mercado de capitais brasileiros.

Os financiamentos complementares aos fundos de aval e às etapas iniciais dos investimentos devem ser moldados em conformidade com as características de cada projeto. Para tal deve-se lançar mão dos seguintes instrumentos:

1) Debêntures emitidas diretamente pelas SPEs/beneficiários finais. Para facilitar a colocação de tais papéis, o BNDES pode emitir certificação de qualidade dos projetos e garantir liquidez ou regra para saída do investidor dada a adimplência do projeto. Nesse caso, o título seria emitido com opção de venda (*puts*) e o BNDES os compraria a preços predefinidos. O deságio do preço de aquisição seria decrescente em relação ao prazo de vencimento, tendo maior rentabilidade o investidor que por mais tempo financiar o projeto. Para o investidor que permanecer por prazo mais logo, prever a possibilidade de conversão de dívida em capital.
2) No caso de garantias a debêntures emitidas por SPEs para financiamento de projetos, têm-se também garantias outorgadas pelo BID, que reduzem o risco de crédito e elevam a liquidez desses papéis.

3) O BNDES pode emitir títulos vinculados a projetos específicos. O título teria cupons (sobre um determinado indexador) de valores crescentes ao logo do tempo. A menor rentabilidade nos primeiros anos seria o preço pago pelos investidores pela maior liquidez e menor risco de crédito. Pode-se pensar, ainda, em prêmio ao investidor em caso de desempenho do projeto acima de determinado retorno esperado.
4) Possibilidade alternativa é o BNDES emitir títulos lastreados na carteira de ações do BNDES para financiar, através de empréstimos, projetos prioritários do PPA 2004-2007, nas áreas de infra-estrutura.
5) Dadas a legislação e práticas atuais do mercado de capitais, os FIDCs e os fundos setoriais de captação e investimento em dívida mobiliária e recebíveis, são instrumentos que combinam agregação de créditos, mitigação de risco e melhora da qualidade dos títulos de dívida corporativa.

Os FIDCs funcionam sob a forma de SPE, distribuindo cotas no mercado de capitais e, posteriormente, adquirindo, de originadores, os direitos creditórios elegíveis ou títulos deles decorrentes, obedecidas as limitações estabelecidas no termo de criação do fundo.

A flexibilidade e facilidade de criação de FIDICs permitem a disseminação do mecanismo de securitização e a redução dos custos de captação de empresas com grande volume de recebíveis. Ao mesmo tempo, oferecem, ao investidor instrumento de elevada qualidade de crédito. Pode-se aproveitar a estrutura e a capilaridade dos bancos públicos para comercialização dos fundos de direito creditório. Na hipótese de pouca atratividade inicial dos FIDCs, os bancos podem constituir fundos de investimento em FIDCs, como vetor de liquidez inicial para o mercado;

6) No caso de construção de núcleos habitacionais providos de saneamento, energia elétrica, telecomunicação e vias de acesso, recomenda-se a criação de fundos de investimentos imobiliário (FIIs) lastreados em recebíveis originados de contratos de compromisso de compra, de venda, de aluguéis e de taxas de serviços, provenientes do financiamento de projetos de interesses social (PIPS). Nos termos da Lei nº 10.735/03, os recursos do PIPS financiam, em até 60 meses, no máximo 30% do valor de cada projeto enquadrado como de interesse social. As instituições financeiras utilizariam um percentual de sua captação para aquisição de cotas dos FIIs. E o subsídio relativo à equalização entre o custo do financiamento e a taxa de retorno dos recebíveis oriundos de cada projeto seria coberta pelo Tesouro Nacional (TN). As especificidades de financiamento de cada projeto seriam objeto de contrato entre a União e a instituição financeira responsável.

Mesmo para projetos habitacionais para faixas de renda mais elevadas ou de saneamento e tratamentos de água por municípios e companhias estaduais de saneamento ou, ainda, para projetos de drenagem de portos e irrigação para agricultura, a criação de FDICs e de FIIs diminuiria o custo de financiamento e contribuiria para o desenvolvimento do mercado de capitais no país.

7) Para os projetos de infra-estrutura no âmbito da IIRSA, existe a proposta peruana de criação da Autoridade Sul-americana de Infra-estrutura (ASI), um fideicomisso criado pelos países da América do Sul que seriam seus fideicomitentes. A CAF administraria a ASI na qualidade de fiduciário. Com a criação de tal organismo, os desembolsos e as dívidas contraídas para o financiamento dos projetos aparecem somente na contabilidade da ASI. No orçamento fiscal dos países-membro somente aparecem as garantias de receita (tarifa ou pe-

dágio mínimo) que outorguem à ASI. Por exemplo, a ASI financia a rodovia BR-101 que, durante parte de sua vida útil, não gera pedágio suficiente para cobrir os custos financeiros e, por isso, recebe uma garantia de tráfego mínimo do governo brasileiro. Uma vez terminada a obra e entregue ao operador, a ASI receberá, periodicamente, as transferências de pedágio correspondentes ao tráfego mínimo do governo brasileiro e o complemento do operador, servindo à dívida contraída para financiar a obra. E, do ponto de vista do orçamento fiscal do país, contabiliza-se somente o pagamento do pedágio mínimo efetuado a cada período, conforme acordado no contrato.

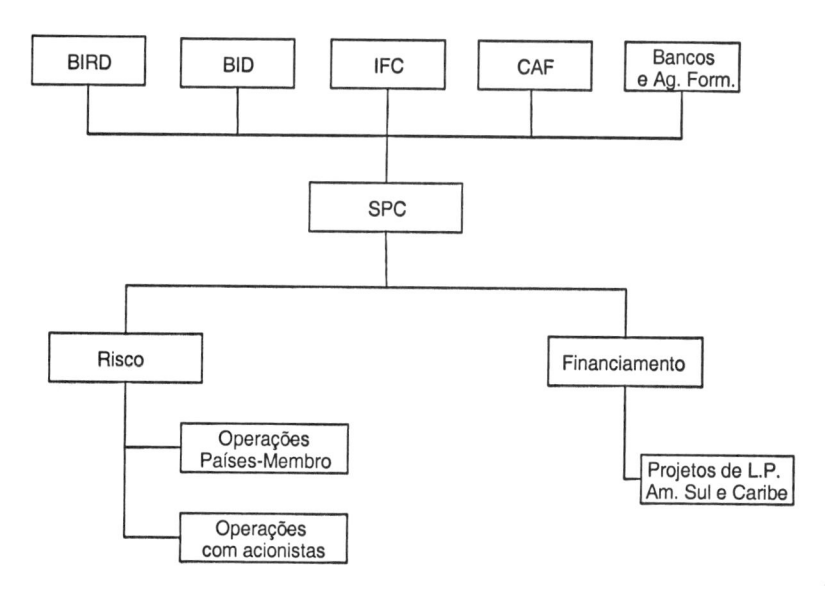

```
┌──────┐ ┌─────┐ ┌─────┐ ┌─────┐ ┌────────────┐
│ BIRD │ │ BID │ │ IFC │ │ CAF │ │  Bancos    │
│      │ │     │ │     │ │     │ │ e Ag. Form.│
└───┬──┘ └──┬──┘ └──┬──┘ └──┬──┘ └─────┬──────┘
    └───────┴───────┼───────┴──────────┘
                    │
                ┌───┴───┐
                │  SPC  │
                └───┬───┘
          ┌─────────┴─────────┐
      ┌───┴───┐          ┌────┴─────────┐
      │ Risco │          │ Financiamento│
      └───┬───┘          └──────┬───────┘
          │                     │
     ┌────┴──────┐        ┌─────┴──────────┐
     │ Operações │        │ Projetos de L.P.│
     │Países-Membro│      │ Am. Sul e Caribe│
     └───────────┘        └────────────────┘
          │
     ┌────┴──────┐
     │ Operações │
     │com acionistas│
     └───────────┘
```

Por fim, há que se considerar a proposta da vice-presidência da área internacional do Banco do Brasil à ASSEC/MP de criação de um fundo (ou SPE) para compra de risco político soberano em operações de comércio intra-América do Sul. O objetivo é eliminar o risco político da região de forma a propiciar fluxos permanentes de financiamento de exportação de produtos e plantas industriais.

Existem diversas instituições, com configurações jurídicas variadas, criadas especificamente para financiar os países da América do Sul e Caribe e assumir o risco-país da região. Entretanto, atuam sem uma estratégia harmônica, a exemplo do Bladex (do qual o BB é acionista), Cabel, Bancomext, CAF, BID e BNDES.

A criação de um fundo ou empresa com propósito específico de compra de risco soberano em financiamento de longo prazo teria como ativo títulos de *investment grade* a fim de conferir classificação de risco adequada para seus objetivos. Seu capital poderia ser integralizado pelo BID, BNDES, bancos e agências de fomento dos países-membro, Bladex etc. Num primeiro momento as garantias concedidas seriam somente para risco-país e seriam limitadas ao valor do capital. Posteriormente, entrariam no financiamento de longo prazo.

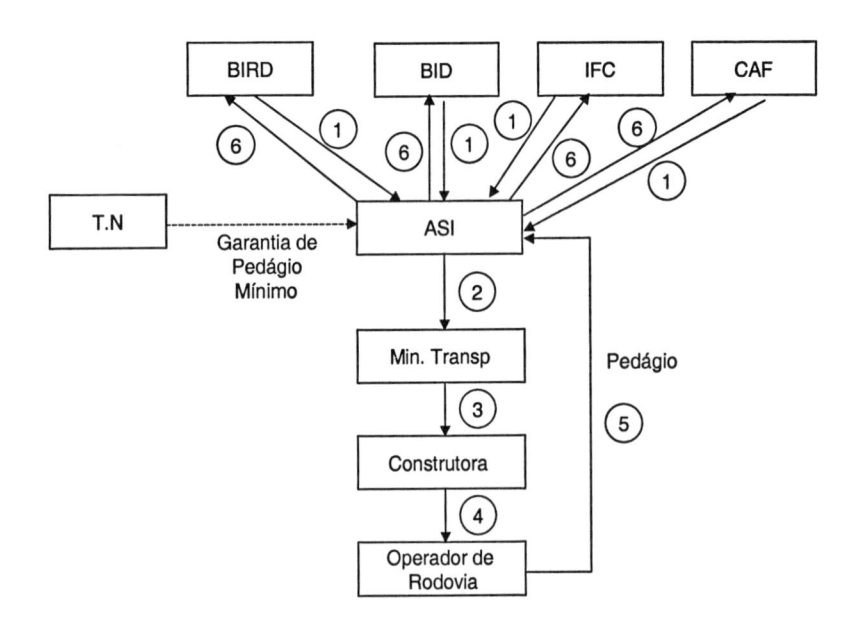

FINANCIAMENTO DAS MICRO E PEQUENAS EMPRESAS, PELO MERCADO DE CAPITAIS

*Mauro Arruda**

INTRODUÇÃO

O financiamento das micro e pequenas empresas (MPEs) tem sido um dos grandes desafios para os formuladores de políticas públicas e também para o sistema financeiro. Infelizmente, o que se viu até o presente foi uma sucessão de erros na formulação dessas políticas e na forma como os bancos e demais agentes financeiros as têm tratado.

Pelo lado dos formuladores de políticas públicas, o erro mais comum é o de pensar que o problema se restringe ao aumento da oferta de crédito. O Programa Brasil Empreendedor, implementado pelo governo Fernando Henrique, é um exemplo do que não deve ser feito. Pelo programa, os bancos oficiais teriam de injetar bilhões de reais

---

* Sebrae — Serviço Brasileiro de Apoio às Micro e Pequenas Empresas.

em mais de 1 milhão de micro e pequenas empresas. Como era de se esperar, o número das que foram efetivamente financiadas foi de, apenas, algumas dezenas de milhares.

Na realidade, o financiamento das MPEs requer soluções apropriadas para um segmento que necessita de tratamento bastante distinto do que é adotado, por exemplo, para as médias e grandes empresas. Tais soluções (produtos e estratégias de ação) não são tão difíceis como comumente se avalia. É claro que a formulação e execução delas exige conhecimento tanto das MPEs, de como elas funcionam e de suas deficiências estruturais, quanto do sistema financeiro, dos produtos que o mesmo pode ofertar e sobre a forma como deve trabalhar com essas empresas.

Pelo lado do sistema financeiro, pode-se afirmar que parte dos problemas que estão por trás dos baixos níveis de financiamento das MPEs deve-se ao quase total desconhecimento desse segmento por parte dos bancos de varejo e do mercado de capitais.

O problema começa com o aumento dos custos de transação, decorrente da precariedade das informações fornecidas pelas MPEs. Diante desse problema, bancos e mercado de capitais assumem postura passiva, de que não há nada a fazer, senão aguardar que o nível dessas informações melhore. Não desenvolvem práticas de finanças de proximidade, única forma de superar a assimetria de informações e diminuir os custos de transação.

É simplista pensar que será suficiente a queda da taxa Selic e a conseqüente diminuição do efeito *crowding-out* resultante da forma como o governo se financia, para que o sistema financeiro, de fato, passe a financiar e a investir nessas empresas. Se insistirem no padrão de comportamento que sempre adotaram, apesar da relação crédito/PIB vir a aumentar, as MPEs continuarão recebendo parcos volumes de crédito e de investimento.

O que vem de ser dito reforça a idéia que, para financiar as MPEs, o sistema financeiro precisará assumir uma nova postura, sobretudo porque o mercado de capitais crescerá enormemente nos próximos anos. É na esteira desse crescimento que se poderá vislumbrar, por exemplo, a concorrência do mercado de capitais com os bancos, na oferta de recursos para as MPEs. Sem dúvida, é uma oportunidade que não pode ser desperdiçada.

Este texto, redigido para o seminário do Ibmec, "Soluções do mercado de capitais para a retomada do crescimento", em que se discutiram medidas de fortalecimento do mercado de capitais, procurará retratar o que pode ser feito para o mercado de capitais vir a contribuir para o crescimento das MPEs. Tendo em vista que o Seminário focou as discussões sobre dois produtos, capital de risco e fundo de recebíveis, o texto limitar-se-á à análise dos mesmos. O objetivo é mostrar que existem soluções viáveis e que a implementação delas é relativamente simples.

FUNDOS DE CAPITAL DE RISCO

Os fundos de *venture capital*, no Brasil, ganharam o nome apropriado de fundos de empresas emergentes. Quando foram criados pela CVM (Instrução CVM nº 209/94), visavam, sobretudo, as pequenas empresas e uma faixa inicial das médias empresas. Com o tempo, passaram a atender também empresas de médio porte de faturamento expressivo. Assim é que, no presente, estão direcionados para empresas com faturamento anual de até R$ 100 milhões.

Como não poderia ser diferente, as micro e pequenas empresas, classificadas pela legislação em vigor como empresas com faturamento de até R$ 1,2 milhão/ano, não vinham sendo contempladas com recursos desses fundos. Era o retrato do que foi destacado acima: o setor financeiro não sabe e, por conseguinte, não quer trabalhar com as MPEs. Com isso, empresas ainda na fase de *start-up* ou em fase inicial de crescimento não tinham nenhum apoio do mercado de capitais, justo o contrário do que acontece em países desenvolvidos.

Para superar as chamadas falhas de mercado, Sebrae, BNDES e Fumin/BID, em 1999, criaram os primeiros fundos de empresas emergentes que deveriam também investir em empresas com faturamento de até R$ 1,2 milhão/ano. No presente, são mais de oito fundos criados em diferentes estados, para atender micro e pequenas empresas locais.

Caminhando para o final de 2003, essa situação se mantém. Sem a presença das referidas entidades, que administram recursos públicos e fundos internacionais (caso do Fumin/BID), não surgirão outros fundos de empresas emergentes voltados para as MPEs. E não será a mera expansão do mercado de capitais que mudará a situação.

Para que haja mudança profunda, é fundamental que se procure superar as causas básicas que inibem a participação do capital privado nesses fundos.

Colocando de lado as causas macroeconômicas, como as elevadas taxas de juros, e olhando para a frente, num cenário de taxas de juros em declínio e de condições macroeconômicas mais favoráveis, para que capitais privados invistam em fundos de empresas emergentes direcionados para MPEs, será necessário, sobretudo, dar tratamento fiscal diferenciado para o investidor nesses fundos, em relação, por exemplo, ao investidor em bolsa de valores.

Afora a solução de natureza fiscal, duas outras medidas são necessárias para o capital privado investir em fundos de empresas emergentes. Todas duas têm a ver com a melhoria das informações para o investidor. São elas:

— a geração de informação sobre os fundos de empresas emergentes, sobre como atuam junto às empresas nas quais investem. Pouco se sabe sobre os fundos que realmente dão atenção à boa governança, à gestão das empresas nas quais investem, tornam públicos seus relatórios, divulgam seus balanços de forma sistemática etc. Informações como essas

seriam importantes para facilitar a negociação das cotas dos mesmos no mercado secundário, reforçando o papel deste;
— a geração de informações sobre as MPEs. A adoção de *ranking* das pequenas empresas, do que se poderia chamar de um *ranking* das menores e melhores (por exemplo, das mil menores e melhores), é indispensável. É uma prática bastante usual nos EUA, que ajuda muito na escolha das empresas para investimento e, também, na quebra de preconceitos em relação às pequenas empresas. Do *ranking* constariam informações sobre crescimento de cada empresa nos mercados, boas práticas de gestão, lucratividade etc. As informações seriam disponibilizadas no mesmo nível que as grandes empresas costumam disponibilizar.

O crescimento do mercado de capitais, no Brasil, não pode continuar voltado, apenas, para os investimentos em bolsa de valores, nem em fundos — mesmo os fundos de empresas emergentes — que invistam em empresas somente de médio e grande portes. Sem dúvida, os fundos de empresas emergentes devem ser o principal instrumento de apoio às boas MPEs, isto é, àquelas que se diferenciam pela inovação. Com informações como as já descritas anteriormente, os investidores poderão identificá-las mais facilmente.

FUNDO DE RECEBÍVEIS E EMPRÉSTIMOS ÀS PEQUENAS EMPRESAS

Uma forma importante das micro e pequenas empresas acessarem crédito, para capital de giro e investimento, é pela antecipação de receita de seus recebíveis.

O desconto de recebíveis é uma prática comum do setor bancário. Entretanto, no Brasil, o acesso ao crédito pelas MPEs, com base na antecipação de receita de recebíveis, é extremamente difícil e desfavorável a essas empresas. Com efeito, os *spreads* cobrados pelos bancos são elevados, pouco diferindo de uma operação normal de empréstimo.

Além do elevado custo de transação, contribuiu para isso o baixo nível de concorrência bancária no País.

Somente um projeto bem concebido, que espelhe um bom conhecimento das MPEs e do mercado de capitais, poderá superar as causas apontadas. De um lado, o projeto terá de baixar o custo de transação, através de instrumento que proporcione informações indispensáveis às decisões dos bancos, ao mesmo tempo que incite alguma concorrência entre os mesmos. De outro, terá de contar com instrumento de fora do setor bancário que aumente ainda mais essa concorrência, com o objetivo de baixar os *spreads* consideravelmente.

LEILÃO DE CRÉDITO

O leilão de crédito é um dos instrumentos que mais pode contribuir para a diminuição do custo de transação, além de poder aumentar a concorrência entre os bancos. É um instrumento ligado à prática das finanças de proximidade.

O leilão de crédito foi instituído no México, com sucesso, pela Nacional Financeira (Nafin), equivalente ao nosso BNDES. Por esse sistema, a Nafin já realizou mais de 600 mil operações.

No Brasil, a entidade que está promovendo a implementação de leilões de crédito é a Associação Brasileira de Instituições Financeiras de Desenvolvimento (ABDE).

De maneira simplificada, funciona da seguinte forma:

1) num arranjo produtivo — agrupamento de empresas do mesmo setor ou cadeia produtiva num mesmo território — cria-se

uma empresa de propósito específico que tenha por objetivo promover leilão de crédito, com base nos recebíveis das MPEs desse território;

2) a empresa trabalhará para reduzir o custo de transação entre bancos e MPEs, disponibilizando, para tanto, as informações sobre essas empresas e sobre os recebíveis (empresas emissoras, manifestação destas sobre as pequenas empresas que possuem seus recebíveis — por exemplo há quanto tempo mantêm relacionamento etc.) de que os bancos precisam para entrarem no leilão;

3) depois de disponibilizar as informações e de colocar os recebíveis como garantia, tudo pela internet, a empresa de propósito específico promove o leilão. O banco que fizer a melhor oferta, emprestando mais e/ou cobrando menos *spread*, será o vencedor — o emprestador.

4) de forma quase imediata o dinheiro estará disponível para as MPEs.

FUNDO DE RECEBÍVEIS

O outro braço do projeto, que complementa e melhora a qualidade do leilão de crédito, com força para baixar significativamente os *spreads* das operações, é o fundo de recebíveis.

Para funcionar com eficiência, cada fundo seria criado, de preferência, por arranjo produtivo, numa visão de finanças de proximidade.

A necessidade de se contar com um fundo como este nasce do que foi dito sobre a baixa concorrência entre os bancos no Brasil. Para superá-la, uma das formas é lançar mão desse fundo para concorrer com os bancos nos referidos leilões. Pode-se prever que, na maioria das vezes, o fundo concorrerá com *spreads* menores que os bancos.

Deve-se enfatizar o caráter inovador dessa proposta. Com efeito, pela primeira vez, no Brasil, poderá ser utilizado um instrumento do mercado de capitais — no caso, um fundo de recebíveis — para concorrer com os bancos nos empréstimos às MPEs.

À semelhança dos fundos de empresas emergentes, não se vislumbra que, a curto prazo, investidores privados invistam em fundos de recebíveis para MPEs. Assim, os investidores, em princípio, devem ser os mesmos dos fundos de empresas emergentes. Claro que, se for dado tratamento fiscal diferenciado, a situação poderá ser outra.

O gráfico a seguir retrata o funcionamento do leilão de crédito junto com o fundo de recebíveis.

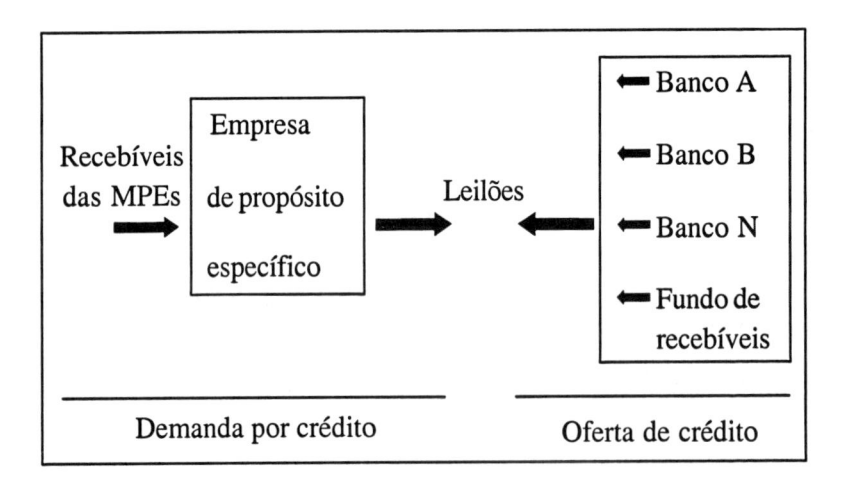

```
┌─────────────────────────────────────────────────────────────┐
│                                          ← Banco A          │
│  Recebíveis    Empresa                                      │
│  das MPEs  →   de propósito  →  Leilões  ← Banco B          │
│                específico                                   │
│                                          ← Banco N          │
│                                                             │
│                                          ← Fundo de         │
│                                            recebíveis       │
│  ─────────────────────────────    ─────────────────────     │
│     Demanda por crédito              Oferta de crédito      │
└─────────────────────────────────────────────────────────────┘
```

CONCLUSÃO

Este breve texto procurou mostrar soluções para as dificuldades encontradas pelos formuladores de políticas públicas e do sistema financeiro em proporcionar acesso mais fácil das MPEs a crédito e capital de risco.

Viu-se que um problema comum, para os bancos e o mercado de capitais, é a assimetria de informações. Para reduzi-la, é indispensável a geração de informações sólidas e confiáveis, sobre as MPEs e os fundos de empresas emergentes que têm por objetivo capitalizá-las. Foram discutidos os tipos de informações necessárias num caso e noutro.

Para os dois produtos analisados, capital de risco e fundo de recebíveis, deixou-se claro que, sem tratamento fiscal diferenciado em relação a outros produtos do mercado de capitais, investidores privados dificilmente comprarão suas cotas. Os investidores continuarão sendo entidades que lidam com recursos públicos ou fundos internacionais dirigidos por bancos multilaterais, como o BID.

Por fim, mostrou-se que os fundos de recebíveis serão tanto mais funcionais para as MPEs quanto mais estiverem vinculados a instrumentos como os leilões de crédito. Ficou claro que leilões de crédito e fundos de recebíveis, em conjunto, podem aprofundar a concorrência com os bancos na oferta de crédito mais barato para as MPEs. Trata-se de solução inovadora que, no Brasil, poderá representar um marco na oferta de crédito para essas empresas.

PARCERIAS PÚBLICO-PRIVADAS: DESAFIOS DE IMPLEMENTAÇÃO

Francisco Anuatti Neto*
Rudinei Toneto Jr.*

A necessidade de ampliar o atendimento das demandas sociais e econômicas dos vários segmentos de infra-estrutura, num contexto de alto endividamento do Estado, conduziu às reformas constitucionais a partir de 1995 e marcou o processo de privatização dos setores de infra-estrutura.

O equacionamento dos marcos regulatórios das concessões de serviços públicos ao setor privado, os programas de privatização e a criação de agências federais e estaduais de regulação, com a missão de equilibrar os interesses dos agentes, investidores, usuários e a sociedade em geral, constituíram um avanço institucional em relação a um modelo calcado essencialmente na provisão de serviços por empresas estatais. O processo de privatização, embora incompleto, permitiu que um novo ambiente empresarial surgisse no país.

*Fipe — Fundação Instituto de Pesquisas Econômicas

Três aspectos desse novo ambiente merecem destaque. Em primeiro lugar está o aperfeiçoamento empresarial dos grupos nacionais, que no passado tinham interesses nos setores de infra-estrutura ligados essencialmente ao negócio de construção, e agora se organizam sob novas estratégias de longo prazo e em padrões de governança de elevada transparência. Em segundo lugar, tem-se a participação de novos grandes *players* internacionais, atraídos pelo potencial de crescimento do mercado brasileiro, que assumiram compromissos de longo prazo em diferentes segmentos do setor de infra-estrutura. E por último, há que se destacar o novo papel dos investidores institucionais que, por meio de privatização, adquiriram parcelas significativas das empresas privatizadas, e buscaram a profissionalização da gestão e supervisão das empresas para atender os interesses dos fundos de pensão. Esta é uma condição vital para o sucesso do mercado de capitais e da previdência complementar no país.

Esse ambiente favorável aos investimentos em infra-estrutura pode ser atestado pelos elevados investimentos privados em novas concessões, com destaque para os segmentos de geração e transmissão de eletricidade e telefonia, mesmo após o crescimento das incertezas, decorrentes da desvalorização do real em 1999, da crise no setor elétrico e do cenário internacional desfavorável a partir de setembro de 2001. O contraste desses segmentos com outros para os quais o quadro é menos positivo, ressalta a importância da definição do marco regulatório. Quando isso não se verifica, há o amplo predomínio de empresas estatais e a impossibilidade de levar à frente a privatização, mesmo quando desejada.

A continuidade das privatizações nos setores de infra-estrutura parece não fazer parte das prioridades do atual governo, e não se apresenta como uma condição necessária para a consolidação do ambiente empresarial acima descrito. Mas precisa-se evitar o retrocesso, a dependência da capacidade de investimento de empresas estatais. Para contar com recurso das empresas privadas no enfrentamento dos desafios de expansão da provisão dos serviços de infra-estrutura, o governo federal apresentou ao debate público uma minuta de projeto de lei sobre as parceiras público-privadas na administração pública. A questão que aqui se levanta é saber se o aperfeiçoamento institucional ora proposto será condição suficiente para garantir a atração de investidores privados em projetos de longa maturação? Que outras ações empreendedoras por parte das autoridades públicas serão necessárias para garantir a ampliação da participação dos investidores privados?

A minuta de projeto de lei estabelece como primeiro princípio que as parcerias entre as diversas entidades de Estado e os investidores privados têm como objetivo a promoção da eficiência na aplicação de recursos públicos. Para atender a esse princípio algumas inovações institucionais são introduzidas para permitir que os contratos com particulares sejam voltados para o controle de resultados e não apenas de meios. Espera-se com isso, dar ao agente privado maior flexibilidade na execução de serviços, repartindo riscos de acordo com a capacidade de gestão, trazendo maior eficiência na prestação dos serviços, voltando-se a remuneração dos serviços pelo volume e/ou qualidade efetivamente produzidos.[1]

Os maiores benefícios esperados para o desenvolvimento de infra-estrutura decorrentes dessa legislação, embora ela se aplique a outras modalidades de contrato, são aqueles associados à flexibilização dos contratos de concessão, permitindo a adoção de modalidades que já vêm sendo adotadas em outros países. Um exemplo de modalidade de contrato que a nova lei permite, e que pode ser uma solução adequada para recuperação e manutenção de uma série de rodovias é o sistema de "pedágio sombra". Trata-se de uma concessão com tarifa definida, mas sem cobrança efetiva dos usuários. Esse sistema

---

[1] Art. 5º, § 2º "Os contratos previstos nesta lei poderão prever o pagamento ao contratado de remuneração variável vinculada ao seu desempenho na execução do contrato, conforme metas e padrões de qualidade previamente definidos."

desenvolvido na Inglaterra tem sido um importante instrumento no desenvolvimento da malha rodoviária de Portugal. A lei permite que o Estado ofereça ao parceiro privado contraprestação adiconal à tarifa cobrada do usuário ou, quando necessário, que o mesmo figure como usuário único do serviço.

Outra modalidade que vem sendo empregada com sucesso no Chile é a dos contratos de concessão pelo valor presente líquido. Nesse caso, a licitação da concessão não é definida pela tarifa e pelo prazo definido, mas sim pela recuperação do menor valor requerido. Uma vez alcançado esse valor, tem-se a reversão da concessão. A virtude dessa modalidade está em poupar o concessionário de arcar com o risco de demanda, viabilizando projetos de interesse social, mas com alto grau de incerteza sobre a demanda futura.[2] Uma outra aplicação dessa modalidade poderá ser encontrada nas parcerias entre empresas de saneamento estaduais e parceiros privados interessados em desenvolver concessões locais e subconcessões de serviços, que atendam o princípio da menor complementação possível das receitas tarifárias.

Fora do âmbito das concessões, nos contratos de prestação de serviços, também se inova com a possibilidade da extensão para além do prazo de cinco anos, hoje imposto pela lei de contratos administrativos, permitindo a recuperação dos investimentos em ativos específicos que aumentam a produtividade dos serviços e que hoje não são empregados.

Nessas novas modalidades o Estado passa a assumir responsabilidades antes atribuídas ao parceiro privado. O projeto de lei prevê também que outros riscos possam ser assumidos pelo Estado, com destaque para a possibilidade de concessão de garantias. As garan-

---

[2] Art. 4º, inc. IV — "estabelecer as hipóteses de extinção antes do advento do prazo contratual, bem como os critérios para o cálculo e pagamento das indenizações devidas".

tias poderão ser oferecidas por meio de vinculação de receitas e pela utilização de fundos especiais. Para dar cobertura a esses fundos, que poderão ser estruturados inclusive como fundos fiduciários de natureza privada, poderão ser utilizadas dotações orçamentárias, créditos adicionais, bem como ativos não-financeiros, bens móveis e imóveis. Um ponto importante do projeto de lei refere-se à possibilidade de que os pagamentos necessários para o cumprimento do contrato com o parceiro privado tenham precedência em relação às demais obrigações contratuais contraídas pela administração pública.[3] A priorização de recebimento diminui os riscos associados aos projetos.

Outro avanço é a previsão explícita de que os compromissos assumidos pela administração pública possam ser liquidados em favor da instituição que financiou o projeto de parceria, garantia hoje inexistente no cumprimento das condições do financiamento. Com isso torna-se possível, por exemplo, que o agente financiador seja o gestor do fluxo de caixa do projeto.

Trata-se, portanto, de um projeto ousado, que altera de maneira decisiva o comprometimento do setor público com a viabilização dos investimentos necessários em infra-estrutura. A implementação efetiva desse novo arranjo irá requerer inovações no próprio aparato governamental e arranjos institucionais envolvendo diversas entidades de governo. Cada contrato PPP deverá pautar-se pelos princípios da responsabilidade fiscal, da transparência dos procedimentos e decisões e da sustentabilidade econômica do projeto.

A sustentabilidade econômica deverá ter conotação ampla, pois não se trata de reproduzir o conceito de equilíbrio econômico-financeiro dos contratos de concessão. Na verdade, a lei só acrescentará alguma coisa em relação ao que existe hoje, se permitir a

---

[3] Art. 5º, § 3º "A liberação dos recursos orçamentário-financeiros e os pagamentos efetuados para o cumprimento do contrato com o parceiro privado terão precedência em relação às demais obrigações contraídas pela administração pública".

viabilização de projetos em que o equilíbrio econômico-financeiro por meio das tarifas não seja viável. Pensemos nos projetos em que o retorno social é elevado, mas, com baixo retorno privado — extensão das redes de água e esgoto para regiões pobres que geram profundos impactos sobre a saúde, capacidade de trabalho, meio ambiente etc., mas cuja cobrança dos usuários é bastante difícil ou improvável, gerando a incapacidade de recuperar o investimento por meio das tarifas. Caso o Estado não tenha a totalidade dos recursos necessários para fazer o investimento, ele pode recorrer a modalidades de PPP.

A bem do princípio da transparência no processo decisório, será necessário que antes do ingresso de um projeto na categoria de PPP, ele seja submetido a um estudo de viabilidade econômico-social. Mas isso não será suficiente: para diferentes projetos com retorno social elevado, haverá que se considerar o custo-eficácia do comprometimento dos fundos públicos entre os diferentes projetos. Além disso, a financiabilidade simultânea de diferentes projetos de mesmo custo-eficácia de recursos públicos poderá afetar sua ordem de implementação. O projeto de lei prevê que seja instituído um "órgão gestor com a finalidade de definir as atividades, obras ou serviços considerados prioritários para serem executados sob o regime de parceria público-privada" (art. 12).

Percebe-se que deverá haver uma "agência PPP" para definir e acompanhar a implementação dos projetos o que irá requerer um conhecimento bastante específico. A *expertise* necessária para garantir a transparência decisória e evitar a politização precoce na disputa pelos subsídios públicos deverá ser conquistada antes mesmo da implementação efetiva do estatuto. O risco da politização precoce é conhecido dos brasileiros, quer nos incontáveis estudos sobre a transposição das águas do São Francisco, quer na recente disputa entre estados quanto a melhor localização da nova refinaria da Petrobras.

O recurso a subsídios, aportes de recursos públicos, e a utilização de mecanismos de garantias públicas coloca em questão a relação desse projeto de lei com a Lei de Responsabilidade Fiscal de 2000. De acordo com esta última o setor público, em suas diversas instâncias, deve atender a determinadas restrições de gastos e limites de endividamento. Para manter a compatibilidade o projeto prevê no seu art. 13 que "a geração de despesa originada da parceria público-privada está condicionada, antes da abertura do processo licitatório, ao cumprimento das seguintes regras:

1) elaboração de estimativa do impacto orçamentário-financeiro nos exercícios em que deva vigorar o contrato de parceria público-privada;
2) demonstração da origem dos recursos para seu custeio;
3) declaração do ordenador da despesa de que o aumento tem adequação orçamentária e financeira com a lei orçamentária anual e compatibilidade com o plano plurianual e com a lei de diretrizes orçamentárias; e
4) avaliação e autorização do órgão gestor de que trata o art.12."

Percebe-se a preocupação no projeto com a manutenção da responsabilidade fiscal. A proposta de PPP deverá ser encaminhada junto com comprovações de que as metas fiscais da LRF não serão afetadas e que ocorrerá compensações em termos de aumento de receita ou redução de despesa que permitam a assunção de novas despesas pelo poder público; sendo que esta comprovação deverá ser acompanhada dos estudos (premissas e metodologias de cálculo) que a sustentem.

É fácil observar as dificuldades relativas a este processo. Quem fará a avaliação, a consolidação e o acompanhamento dos diversos contratos de PPP associados a cada instância pública? O órgão gestor mencionado no art. 12? Qual será sua estrutura? A quem ele será vinculado? Qual será sua estrutura de receitas?

Avaliar os impactos fiscais das parcerias é extremamente complexo. Em primeiro lugar os contratos são de longo prazo e o governo pode oferecer diferentes modalidades de recursos aos parceiros conforme a contingência: baixa demanda, inadimplência, atendimento a interesses sociais, entre outros. Em segundo lugar, além de pagamentos aos parceiros privados, os órgãos públicos podem oferecer garantias cuja utilização é de difícil previsão. Assim, prever os "passivos contingenciais" assumidos pelos órgãos públicos nessas parcerias será um trabalho bastante complexo, o que irá requerer tanto no "órgão gestor/regulador" como nas diversas instâncias do setor público uma *expertise* bastante específica e sistemas de acompanhamento e controle bastante complexos.

Apenas para exemplificar, pensemos em um caso de saneamento básico em que o poder concedente é o município. No município de Ribeirão Preto desenhou-se em 1995 uma concessão nos moldes do PPP para o tratamento do esgoto. Fez-se uma concessão de 20 anos para que o setor privado operasse o tratamento do esgoto da cidade, sendo que o contrato garantia o retorno econômico-financeiro da concessionária, e previu-se a cobrança de uma tarifa do usuário do sistema de água e esgoto para remunerar a concessionária. A tarifa seria cobrada junto com a conta de água e repassada diretamente para a concessionária. Caso o setor público decidisse não cobrar a tarifa ele seria o responsável pelo pagamento à concessionária (situação em que se encontra no momento). Quando se iniciar a cobrança, o contrato prevê que caso haja inadimplência no pagamento pelo consumidor, o poder público será o responsável pelo pagamento. Não houve qualquer previsão nos moldes hoje colocados sobre previsão de aumento de receita, redução de outro componente de despesa, ou qualquer outra especificação determinada hoje pela LRF. Porém, uma decisão tomada no passado criou um passivo contingencial que poderá levar ao descumprimento da lei pelo município. O dimensionamento da obrigação assumida pela prefeitura é bastante difícil, e quanto maior a dificuldade política de se fazer a cobrança do consumidor, maior vai se tornando esse passivo.

Compatibilizar a necessidade de realização dos investimentos, o acompanhamento dos contratos, a definição das prioridades e a preservação da responsabilidade fiscal não será tarefa das mais simples. O projeto de lei é bastante inovador e constitui, sem dúvida, um importante passo na solução dos graves problemas de infra-estrutura do país. Mas, para que este avance, uma série de definições se fazem necessárias como destacamos no texto.

PRECIFICAÇÃO DE ATIVOS FINANCEIROS*

TÍTULOS PÚBLICOS

A discussão sobre precificação de ativos financeiros ganhou grande relevância no ano de 2002, com a entrada em vigor das normas que tornaram compulsória a marcação a mercado dos ativos que compõem a carteira dos diversos tipos de portfólio administrados ou mantidos por instituições financeiras, gestores de fundos de investimento, fundos de pensão, empresas de seguro etc. Para a Andima, sempre preocupada com o desenvolvimento do mercado secundário de títulos de renda fixa, este assunto já estava presente em suas prioridades há mais de três anos e se constitui em uma das múltiplas iniciativas da associação, no intuito de ampliar seu papel de entidade auto-reguladora do mercado financeiro brasileiro.

Na verdade, um dos fatores que motivaram a própria criação da Andima foi a constatação de que o mercado de renda fixa no Brasil necessitava de um fórum para discutir questões ligadas à adoção de

---

*Texto da Andima. Apresentação de Luiz Macahyba no Painel 4, sob o tema "Precificação de títulos privados".

princípios éticos e de procedimentos negociais padronizados no mercado de balcão. Assim, foram criados o Comitê de Ética e os Códigos de Ética e Operacional do Mercado, que, atualmente, se constituem no principal arcabouço à disposição do sistema financeiro para a solução de litígios envolvendo as operações com ativos de renda fixa.

Outra atividade importante desenvolvida pela Andima e que reforça seu papel de entidade auto-reguladora é a difusão de informações estatísticas em publicações com periodicidades e conteúdos que procuram atender às diversas necessidades das instituições associadas.

Este conjunto de iniciativas fez com que, em novembro de 1999, o Banco Central e o Tesouro Nacional delegassem à Andima a atribuição de divulgar preços para títulos públicos federais negociados no mercado secundário, assim como as taxas indicativas dos agentes em relação à rentabilidade desses ativos.

O passo seguinte foi a montagem de uma amostra de informantes que ficaram responsáveis por repassar diariamente as taxas para a associação e que foi, originalmente, constituída pelas instituições financeiras mais ativas no mercado secundário de títulos públicos federais. Nesse contexto, além dos *dealers* do mercado aberto, foram indicadas pelo Banco Central outras instituições que também se destacavam naquele segmento. Mais recentemente, foram incorporados à amostra um grupo de gestores de fundos — entre os 20 maiores, segundo o *ranking* da Anbid —, além de um conjunto de intermediários financeiros, especializados na "brokeragem" de títulos públicos.

Este conjunto de instituições são os *price makers* da Andima e compõem a Comissão de Precificação de Ativos da Associação, que, por sua vez, é um fórum subordinado ao Comitê de Política Monetária da Associação, reunindo-se a cada dois meses com o objetivo básico de propor aprimoramentos ao processo precificação dos ativos. Todas as alterações no projeto são, portanto, discutidas e aprovadas nessa instância.

Assim, desde fevereiro de 2000, a Andima vem divulgando taxas para negociações no mercado secundário para o conjunto de títulos públicos federais emitidos em leilões competitivos. Após mais de três anos, a associação se consolidou como a principal fonte de informações para esse segmento, fato que ficou bastante evidente após a recente divulgação de um conjunto de normas que estabeleceram os critérios para o registro e avaliação contábil de títulos e valores mobiliários que compõem os diversos portfólios gerenciados pelas instituições integrantes do Sistema Financeiro Nacional.

A boa prática contábil indica como fundamental a existência de uma fonte externa de informações que sirva de parâmetro para os ativos a serem precificados. O próprio órgão regulador, em diversas ocasiões, tem enfatizado que "... a metodologia de apuração do valor de mercado é de responsabilidade da instituição e deve ser estabelecida com base em critérios consistentes e passíveis de verificação, *que levem em consideração a independência na coleta de dados em relação às taxas praticadas em suas mesas de operação...*"[1]

Dessa forma, é crescente a demanda por dados consistentes que alcancem a totalidade dos diversos ativos e operações disponíveis no mercado financeiro. Em termos metodológicos, a melhor informação para a precificação seria aquela que tivesse como origem as próprias negociações realizadas entre os participantes do mercado e registradas em sistemas eletrônicos. A realidade do mercado secundário brasileiro, entretanto, afasta, pelo menos temporariamente, essa possibilidade. O baixo nível de liquidez no mercado público e privado de títulos e valores mobiliários faz com que as estatísticas relativas a esses segmentos sejam pouco representativas.

---

[1] Circular do Banco Central nº 3.068, de 8/11/2001, art. 2º § 1º.

No caso dos títulos públicos, as informações do universo das operações registradas no Selic, divulgadas pelo Banco Central com defasagem de um dia útil, revelam que boa parte dos vencimentos dos títulos em mercado (incluindo-se, apenas, as LTN, NTN-D, NBC-E, LFT, NTN-C e NTN-B) registra diariamente número de negócios extremamente reduzido e, freqüentemente, não se contabiliza um único negócio.

Nesse contexto, a solução metodológica encontrada pela Andima para o problema da liquidez reduzida foi a criação de uma amostra de informantes — conforme já descrito — que passam diariamente para a associação informações de duas naturezas distintas: taxas máximas e mínimas, que representam os *spreads* praticados e ou observados ao longo do dia; e taxas indicativas que se referem às taxas avaliadas pela instituição como preço justo de negócio para cada vencimento, de acordo com as curvas individuais, independentemente de ter ocorrido negócio com o papel.

Na prática, como o número de negócios é pequeno e disperso entre os diversos vencimentos, as informações de taxas máximas e Mínimas — que refletiriam transações ou *spreads* abertos ao longo do dia — que chegam à Andima não são suficientes para que possam ser apuradas taxas para todos os papéis e seus respectivos vencimentos.

Já para a coluna taxas indicativas, o volume de informações enviadas e a metodologia de cálculo das taxas médias fazem com que a maior parte dos vértices sejam precificados. Embora sejam preços sintéticos — no sentido de não refletirem negócios concretamente realizados —, as comparações *ex-post* com as taxas efetivamente praticadas revelam uma forte aderência entre ambas as informações, sobretudo para aqueles vencimentos em que o número de registros no Selic é mais significativo.

Tal fato ratifica a importância que o processo de divulgação de preços para os papéis públicos, implementado pela associação nos últimos anos, adquiriu como parâmetro para a efetivação de negócios no mercado secundário de títulos.

TÍTULOS PRIVADOS

O sucesso observado no trabalho desenvolvido pela Andima na precificação dos títulos públicos levou o mercado a solicitar que a associação iniciasse estudos no sentido de reproduzi-lo, também, para papéis privados.

De fato, a exigência de que os detentores/gestores de portfólios marcassem a mercado os títulos (públicos e privados) de suas carteiras revelou a lacuna existente no mercado para informações sobre preços dos títulos privados.

Nesse sentido, e aproveitando o sistema nacional de debêntures, criado em conjunto com a Cetip, a associação optou por começar pelas debêntures.

O desafio inicial residiu em selecionar uma amostra de debêntures a serem precificadas, dentre as quase 360 séries registradas no SND, dada as diferenças significativas entre cada emissão desses papéis. Para tanto, foram utilizados os seguintes critérios de seleção:

— excluíram-se as debêntures com eventos de participação e as debêntures conversíveis;
— consideraram-se apenas debêntures com *ratings* iguais ou acima de BBB (ou classificação equivalente entre as agências de *rating*);
— optou-se por selecionar as debêntures que tivessem índice de pulverização acima de 50% do volume emitido;
— incluíram-se as debêntures que tiveram negócios registrados no mercado secundário do SND nos 12 meses compreendidos entre 28/5/2002 até 28/5/2003.

Dessa pré-seleção, restaram 29 papéis que foram apresentados a um grupo de 15 instituições, entre as mais atuantes nesse segmento, para selecionar quais iriam precificar. O resultado final foi uma amostra de 19 debêntures (veja quadro), que, neste primeiro momento, são precificadas por cinco bancos, seis assets, duas distribuidoras e uma corretora. As informações chegam por e-mail diariamente até as 17h30min, e a associação retorna a média apurada ao final do dia.

São solicitadas às instituições as taxas de compra e de venda, que refletiriam transações ou *spreads* abertos ao longo do dia, e as taxas indicativas, que seriam as taxas avaliadas pela instituição como preço justo de negócio para cada vencimento, de acordo com as curvas individuais, independentemente de ter ocorrido negócio com o papel.

Após quatro meses e meio de coleta de preços, a associação vem estudando melhoria nos critérios estatísticos de formação das taxas e na montagem da metodologia de cálculo dos preços unitários referentes às taxas repassadas às instituições.

O principal desafio para o desenvolvimento do projeto tem sido conseguir ampliar o número de instituições participantes que permitam gerar um maior volume de informações diárias para a totalidade da amostra de papéis, bem como maior segurança e consistência para as taxas a serem divulgadas ao público.

Seria razoável esperar que, em curto prazo, esse projeto será também de grande importância para o desenvolvimento do mercado secundário deste ativo, nos moldes do que já é observado para o trabalho de precificação de títulos públicos.

Títulos Privados — DEBÊNTURES

Código	Nome	Índice/Correção	Taxa de Compra	Taxa de Venda	Taxa Indicativa
BRTO13	Brasil Telecom S/A	109% do DI			
TMAR14	Telemar Participações S/A	109,5% do DI			
VTRF23	Votorantim Finanças S/A	104,5% do DI			
CPEL12	Companhia Paranaense de Energia — COPEL	DI + 1,75%			
CPEL22	Companhia Paranaense de Energia — COPEL	DI + 1,75%			
CSNA11	Companhia Siderúrgica Nacional	DI + 2,75			
DRFT12	Companhia Paulista de Força e Luz — CPFL	DI + 2,85			
MRLM11	Companhia Petrolífera Marlin	DI + 0,34%			
NVML12	Novamarlim Petróleo S/A	DI + 1,10%			
TLMP12	Telemar Participações S/A	DI + 2,20%			
TNLP11	Tele Norte Leste Participações S/A	DI + 0,70%			
CMIG11	Cemig — Companhia Energética de Minas Gerais	IGPM + 12,70%			
CMIG21	Cemig — Companhia Energética de Minas Gerais	IGPM + 12,70%			
CPEL32	Companhia Paranaense de Energia — Copel	IGPM + 13,25%			
MRLM21	Companhia Petrolífera Marlin	IGPM + 10,70%			
NVML22	Novamarlim Petróleo S/A	IGPM + 12,25%			
PETR12	Petróleo Brasileiro S/A — Petrobras	IGPM + 11,00%			
PETR13	Petróleo Brasileiro S/A — Petrobras	IGPM + 10,30%			
VTRF13	Votorantim Finanças S/A	IGPM + 7,00%			

A PPP PODERÁ SER FINANCIADA POR *PROJECT FINANCE*?

*Claudio Augusto Bonomi**

— No Plano de Investimento Plurianual 2004-2007, há uma previsão de que a iniciativa privada contribua com R$ 36 bilhões em investimentos para infra-estrutura, suportados essencialmente por PPP — parceria público-privada.

— O presidente do Banco do Brasil — Cássio Casseb, em recente entrevista aos jornais, declarou que mapeou cerca de R$ 30 bilhões em necessidades de investimentos em infra-estrutura dos quais ele pretendia financiar parcela substancial, quasi um terço.

— Não importa discutir a precisão desses números, o que está claro é que o Estado não possui todos os recursos para atender essa demanda e que a iniciativa privada terá aqui uma oportunidade muito interessante de participar, como o fez no

---

*Vice-presidente do Ibef-SP, professor de Project Finance da FGV-EAESP e ex-diretor de grandes corporações que atuaram expressivamente no processo de privatização brasileiro. É autor, juntamente com Oscar Malvessi, de *Project Finance no Brasil: fundamentos e estudo de caso* (ed. Ática, 2002), único livro da matéria no Brasil.

processo de privatização, desde que possa contar com mecanismos seguros e eficientes e meios de financiá-los.
— Os recursos privados disponíveis para financiamento são geridos por instituições financeiras, bancos, fundações, seguradoras etc., e para que a PPP possa atraí-los é necessário oferecer estruturações financeiras suficientemente seguras, transparentes e que remunerem todos os participantes adequadamente, o só pode ser oferecido pela modelagem *project finance*.
— A modelagem *project finance* não é só uma forma de financiar um empreendimento baseando-se nos seus recebíveis, acima de tudo é um meio de compartimentar e compartilhar os riscos, mitigando-os significativamente, permitindo que cada participante escolha a parcela de risco/retorno que lhe é mais atrativa. Na PPP o Estado poderá negociar com a iniciativa privada qual o papel que deseja ter, contando para isso com as ferramentas do *project finance* para viabilizar seus acordos e projetos. O Plano Nacional de Desestatização — PND foi quase integralmente financiado pela modelagem *project finance*, o que será necessário fazer para que o mesmo ocorra com a PPP? Vamos analisar o que foi feito no processo de privatização, conceituar o que é a PPP para tentar definir o que será preciso para que esta possa contar com os recursos privados.
— O processo de privatização brasileiro teve início em 1979, com a criação do Programa Nacional de Desburocratização e da Secretaria Especial de Controle das Estatais — SEST, que na década de 80 mapeou o tamanho da atuação do Estado na economia e tentou controlá-lo, criando a Comissão Especial de Desestatização.
— Identificadas as empresas estatais que estariam prontas para serem privatizadas, cerca de 140, o processo se arrasta por

mais de dez anos realizando muito pouco, a ponto do Banco Mundial, em 1989, classificá-lo como um "clássico exemplo de fiasco": apenas 46 empresas foram privatizadas, apurando-se menos de US$ 800 milhões.

— No primeiro ano da década de 90 é lançado o Programa Nacional de Desestatização — PND. O governo, pressionado pelo mau desempenho das estatais e precisando fazer caixa para equilibrar suas contas e tentar combater a inflação, amplia o programa incluindo algumas das grandes empresas estatais.

— Apesar dessas mudanças, o fracasso do plano de estabilização do presidente Collor e a falta de um arcabouço legal sólido, novamente impede que o processo avance rapidamente. Foram apurados apenas US$ 8,6 milhões em 33 privatizações.

— A efetiva preparação das empresas estatais para a privatização e a criação de um ambiente legal, bom o suficiente para suportar este movimento, se deu a partir de 1995, com a adesão dos governos estaduais criando seus próprios planos de desestatização e a promulgação de diversas leis que regulamentariam o processo de concessões, a começar pela Lei Federal nº 8.987/95 básica ao regime de concessões a Lei nº 7.835/96, que faz o mesmo para o Estado de São Paulo; a Lei nº 9.427/96, que reestrutura o setor elétrico e cria a Aneel

— Agência Nacional de Energia Elétrica; a Lei nº 9.472/97 para o setor de telecomunicações etc. Poderíamos encher várias páginas enumerando leis, decretos e regulamentos que suportam e normatizam o processo de privatização brasileiro, considerado o maior já ocorrido no mundo.

— Todo ano o BNDES, gestor do PND, publica um balanço da atividade, contabilizando, de 1995 até 2002, mais de US$ 28 bilhões em receita de vendas e transferências de dívida, o que nos leva a concluir que o apoio dos governos estaduais e um forte suporte regulatório também serão vitais ao sucesso da PPP.

— A parceria público-privada — PPP, forma que o atual governo elegeu como preferencial, mas não única, para atrair investimentos privados para obras públicas, surgiu em novembro de 1992 na Inglaterra, foi regulamentada um ano após e só teve seu primeiro caso implantado no final de 1994, ou seja, todo esse processo é muito recente no mundo inteiro, estamos todos aprendendo juntos como fazê-lo, e pelo visto não tão rápido como gostaríamos.

— Não há dúvida de que a PPP é uma evolução do processo clássico de concessão, alia entre si as vantagens de cada uma das partes — a soberania do Estado para atos que só ele pode executar, e a agilidade e flexibilidade que a iniciativa privada tem para atrair capitais e gerenciar empreendimentos. A PPP viabiliza econômica e financeiramente projetos que de outra forma não seriam realizados.

— Podemos definir a PPP como a forma que o Estado terá para destinar dotações orçamentárias para empreendimentos destituídos de viabilidade econômico-financeira, não sendo capazes de se sustentar por si mesmos.

— A contribuição do Estado poderá se dar de várias formas, construindo e transferindo para a iniciativa privada a operação, remunerando-a pela eficiência da gestão, como ocorre no metrô de Londres, empresas de saneamento da Escócia e em algumas prisões do Reino Unido. Poderá ser recebendo bens da iniciativa privada e o Estado operando, como acontece parcialmente no sistema hospitalar inglês, ou ainda, complementando a receita do empreendimento, como acontece no caso da ponte Vasco da Gama, em Portugal, um pedágio sombra; ou mesmo poderá haver uma combinação das situações acima.

— Em janeiro de 2004, o ministro do Planejamento, Guido Mantega, apresentou um anteprojeto de lei que institui normas gerais sobre parceria público-privada, pretendendo suscitar um amplo debate público antes de enviá-lo ao Congresso Nacional para aprovação. Desse anteprojeto destacamos alguns pontos relevantes:

a) no conceito e nos princípios, há uma nítida preocupação com a eficiência nos usos dos recursos, com o respeito aos interesses e direitos das partes, com a transparência, e com a repartição dos riscos e a sustentabilidade dos projetos de parceria;
b) no objeto, temos a amplitude das formas de parceria;
c) mos critérios, a possibilidade do prazo se estender, até 30 anos, bem como a possibilidade de subcontratação e do término antecipado indenizado;
d) na remuneração, as formas de pagamento em dinheiro ou outras, desde que não seja cessão de créditos tributários, e a possibilidade de remuneração variável, de acordo com o desempenho atingido e métodos de correção de preços. Acima de tudo há a "precedência em relação a demais obrigações contratuais da administração pública" (*sic*).

— Aprendendo com as dificuldades de financiar a privatização pela modelagem *project finance*, podemos inferir que a PPP terá que superar as seguintes barreiras:

a) confiança e segurança — os setores que poderão ser beneficiários são os de energia, saneamento, habitação, rodovias principalmente, mas, terão que possuir marcos regulatórios claros, confiáveis, estáveis e atrativos à iniciativa privada, o que a maioria ainda não possuem hoje;

b) respeito dos interesses das partes envolvidas — embora o anteprojeto de lei fale na "precedência em relação a demais obrigações contratuais" e também admita a vinculação e caução das receitas, todos aqueles que têm uma experiência na área sabem que o efetivo cumprimento nem sempre ocorre, vide caso de algumas concessões rodoviárias e de saneamento ocorridas. Ter uma normatização clara e que realmente obrigue o administrador público a cumprir os contratos, é absolutamente imprescindível;

c) remuneração e equilíbrio econômico-financeiro dos contratos — os empreendimentos PPP serão aqueles que demandarão que o Estado destine verbas orçamentárias para viabilizá-los, será muito difícil dimensionar qual será esse montante ao longo da vida da concessão e como ficarão os ganhos de produtividade conseguidos. O conceito que tem balizado e arbitrado tantos contratos, o equilíbrio econômico-financeiro, será duramente posto à prova e seria conveniente estabelecer alguma metodologia prévia para nortear as decisões.

d) riscos e garantias *versus* financiamentos — os *project finance* sempre têm dificuldades para formalizar garantias no período pré-operacional, *completion*, no PPP estas dificuldades serão naturalmente maiores. Quem assumirá o custo que excede o projeto *cost overrun*? Há muitas limitações legais orçamentárias para que o Estado possa fazê-lo. Quem dará as garantias de complementação de capital *equity contribution ou project contribution agreement* caso o projeto exija correções de valor? Limitações orçamentárias impedirão o Estado e, caso a iniciativa privada o realize sozinha, teremos alterações indesejáveis na distribuição das participações societárias. Quem fornecerá as garantias de aval, carta de conforto *confort letter, keep-well agreement?* Quem será o beneficiário dos seguros-garantia, tão freqüentes e necessários para a mitigação dos riscos? Não será fácil arbitrar a quem coube a responsabilidade do sinistro.

Na fase operacional também teremos questões a resolver, será o concedente ou o concessionário que se comprometerá com as obrigações de fazer e não fazer — *covenants*? Quais são as penalidades possíveis de serem aplicadas, aceleração da dívida etc.?

O ante-projeto de lei fala da "repartição dos riscos de acordo com a capacidade dos contratantes", mais do que nunca a solução dessas questões terá que passar por uma exaustiva negociação, usualmente um *project finance* leva de 9 a 18 meses para ser estruturado, no caso da PPP não podemos imaginar um período menor que este.

Quando iniciamos os *project finance* na privatização, essas questões nos pareciam insolúveis, o que veio a se mostrar falso, mas, hoje, sabendo o que nos espera, valeria a pena tentar criar previamente algumas condições facilitadoras e agilizadoras. Talvez a criação do "gestor da PPP", como na desestatização, seja uma boa solução;

e) BNDES — um capítulo especial merece ser dedicado ao papel que terá este banco, que é o principal, senão único, fornecedor de financiamentos de longo prazo. Não será um bom caminho ele tentar livrar-se de todo o risco, transferindo-o à iniciativa privada ou exigindo dela garantias adicionais fora do projeto, em vista das limitações legais do Estado em fornecê-las.

Será recomendável que ele procure entender profundamente os riscos do projeto e use instrumentos mitigadores como seguro, *hedges*, mecanismos derivativos etc. Por exemplo, não adianta repassar empréstimos com a famosa "cesta de moedas", os empreendimentos terão suas receitas em reais, o risco cambial do financiamento poderá comprometê-lo em algum momento, por que não procurar um *hedge* com a Secretaria de Tesouro Nacional, ou com o Banco Central do Brasil, e já oferecer o financiamento em reais, indexado com um corretor compatível com as receitas;

f) governança corporativa e transparência — no processo de privatização é obrigatório que as sociedades vencedoras da licitação, que são normalmente sociedades de propósito específicos criadas para tal, as SPEs, sejam SA de capital aberto e obedeçam às regras de governança corporativa, este é o mecanismo que melhor tem se mostrado para controlar a concessão. Não que empresas estatais não saibam fazê-lo, veja o caso exemplar da Petrobras que possui uma excelente gestão, a questão é que estas regras não foram feitas para acompanhar empreendimentos que recebem dotação orçamentária, adaptações ou mesmo a criação de um código especial para estes casos será necessário, principalmente se o operador for um administrador público, situação possível na PPP;

g) flexibilidade das partes — esta talvez seja a questão mais complexa para ser atendida por um país onde prevalece o direito romano, que tudo pretende regular.

Embora possa parecer contraditório com o que até aqui foi dito, é vital que toda a regulamentação criada tenha certa flexibilidade, não podemos esquecer que cada caso é um caso em *project finance*, exigindo soluções próprias e peculiares. Os bancos e investidores terão que compreender as limitações do Estado e este, por sua vez, terá que ser suficientemente hábil para não desestimulá-los com uma estafante e incompreensível burocracia. Trata-se de encontrar um ponto de equilíbrio muito delicado, com um cuidado muito grande com os detalhes da regulamentação até a licitação.

— Podemos concluir que a PPP é um aprimoramento no processo de concessões que veio para ficar. As dificuldades um dia serão contornadas, precisamos trabalhar para que isso ocorra o mais breve possível, fazendo com que nosso país retome a rota do crescimento.
— O *project finance* não só é um instrumento adequado a financiá-lo, mas imprescindível para sua implementação; muito temos a fazer antes de podermos ver as primeiras PPPs realizadas, as experiências com o processo de privatização devem ser aproveitadas para encurtar este caminho.

SECURITIZAÇÃO E FUNDO DE RECEBÍVEIS

*José Barreto da Silva Netto**
*Renato Pinheiro Jabur**

O fundo de recebíveis continua sendo, após quase dois anos de sua criação,[1] o mais avançado instrumento de securitização existente no Brasil. Ele alia a bem-sucedida experiência brasileira no segmento de fundos de investimentos à idéia de securitização. Pode-se afirmar, ainda, que o fundo de recebíveis é um dos principais instrumentos para desenvolver o mercado de capitais brasileiro, cujo fortalecimento depende de formas eficientes de captação de recursos.

Denominado oficialmente fundo de investimento em direitos creditórios — FIDC, o fundo de recebíveis é destinado a comprar principalmente créditos. São várias as suas vantagens em relação aos demais instrumentos de securitização. Em primeiro lugar, a facilidade de implementação da operação. Em uma securitização por meio

---
*Andima — Associação Nacional das Instituições do Mercado Financeiro.
[1] O fundo de recebíveis foi criado pela Resolução n° 2.907, de 29 de novembro de 2001, do Conselho Monetário Nacional, sendo regulamentado pela Instrução n° 356, de 17 de dezembro de 2001, com as alterações da Instrução n° 393, de 22 de julho de 2003, ambas da Comissão de Valores Mobiliários.

de FIDC, para captar recursos e comprar créditos, basta elaborar o regulamento do fundo, registrá-lo em cartório de títulos e documentos e protocolar a documentação na Comissão de Valores Mobiliários — CVM. Já em uma securitização tradicional, deve-se primeiro constituir uma sociedade de propósito específico — SPE, empresa dedicada exclusivamente à aquisição de créditos. A SPE deve abrir seu capital, e então emitir valores mobiliários, sujeitos a registro na CVM. Após a subscrição dos valores mobiliários, finalmente, a SPE poderá comprar créditos.

Outro diferencial do FIDC diz respeito ao impacto tributário. Do mesmo modo que os demais fundos de investimentos, o fundo de recebíveis é tributariamente neutro, não estando sujeito a diversos tributos aos quais estão condicionadas as SPEs.[2] Naturalmente, com menor impacto tributário, uma securitização que utiliza FIDC é mais barata se comparada a uma operação que adota uma SPE.

Já a flexibilidade dos FIDCs é vantagem decorrente da sua própria regulamentação, que permite, por exemplo, a existência de mais de uma classe de cotas e a composição da carteira com créditos dos mais diversos tipos. Quanto à pluralidade de classes de cotas, cada classe deve ter características próprias, sendo que uma delas não se subordina às demais para efeitos de amortização e resgate. Na prática, as operações de securitização envolvendo FIDCs têm adotado a estrutura de duas classes de cotas, sendo uma destinada aos investidores, e outra, subordinada àquela, destinada à empresa que cede os créditos. As cotas subordinadas representam uma margem de garantia para os investidores, cobrindo com seu patrimônio os riscos da operação.

---

[2]Os FIDCs, por não apresentarem personalidade jurídica, não são contribuintes de imposto de renda, Contribuição Social sobre o Lucro Líquido, contribuição para o Programa de Integração Social e de Formação do Patrimônio do Servidor Público — PIS/Pasep, nem Contribuição Social para o Financiamento da Seguridade Social — Cofins. Ademais, as atividades operacionais dos FIDCs estão sujeitas a alíquota zero de Contribuição Provisória sobre Movimentação ou Transmissão de Valores e de Créditos e Direitos de Natureza Financeira — CPMF.

Ainda, a regulamentação do fundo de recebíveis permite que os FIDCs comprem direitos creditórios dos mais variados tipos, inclusive créditos futuros. Assim, o FIDC pode ser empregado em situações em que a carteira seja composta por muitos créditos de pequeno valor (como os decorrentes de vendas no varejo, faturas de cartão de crédito etc.), ou por poucos créditos de valor elevado, eventualmente contra apenas um devedor (por exemplo, um contrato de locação de galpão industrial, ou um contrato de compra e venda de energia).

Também é vantagem do FIDC a maior segurança para os investidores. Assim, a administração do FIDC é feita por instituição administradora, que deve ser instituição financeira ou equiparada. A instituição administradora é responsável civil e criminalmente por má gestão e está limitada em seus atos pela própria regulamentação do FIDC. Vale ainda lembrar que, enquanto os investidores é que são os proprietários de um fundo de investimento, nas securitizações com SPEs é comum que o próprio cedente dos créditos seja seu controlador. Ressalte-se que é muito mais difícil impor limitações ao controlador da SPE, o que requer um estatuto social rígido e um acordo de acionistas que inclua um representante dos investidores.

Como conseqüência de todas essas vantagens, o FIDC viabiliza diversas operações, antes impossíveis em razão da ineficiência das SPEs. Por isso, gradativamente, o fundo de recebíveis permitirá a fixação definitiva da indústria de securitização no Brasil, direcionando, por meio do mercado de capitais, mais recursos para o financiamento das empresas, e garantindo segurança para os investidores. Por ser menos oneroso, o fundo de recebíveis permitirá também, no médio prazo, o aumento do número de empresas que utilizam o mercado de capitais como meio de captação de recursos.

Como maior obstáculo para a utilização em larga escala do FIDC, nota-se atualmente o fato de não ser tão difundido quanto as SPEs. Desse modo, é imperativa a consolidação de uma cultura institucional acerca de todas as suas vantagens, fazendo com que haja cada vez mais interesse e utilização prática deste instrumento de securitização.

A SECURITIZAÇÃO DE CRÉDITOS IMOBILIÁRIOS NO BRASIL

Pedro Klumb*

SITUAÇÃO ATUAL

Em 1997 foi criado no Brasil o Sistema Financeiro Imobiliário — SFI, com o objetivo de instituir o Mercado Secundário de Hipotecas, à semelhança do que ocorreu nos EUA na década de 1980.

A aplicação dos mecanismos que compõem o SFI, entre os quais a circulação dos certificados de recebíveis imobiliários — CRIs no mercado de capitais, deverá dinamizar o setor imobiliário e de crédito imobiliário no país, na medida em que reduzirá a dependência do setor dos recursos das cadernetas de poupança.

A moderna experiência mundial em sistemas de financiamento habitacional para países emergentes comprova que é necessário direcionar parte das reservas das entidades de previdência privada e seguros e bancos de desenvolvimento para esse mercado. Essas instituições, por sua natureza, atuam com recursos de longo prazo e têm

---

*Serviços Financeiros e Imobiliários.

a necessidade de uma política conservadora de investimentos, que privilegie o seu equilíbrio atuarial. Os papéis com lastro em créditos imobiliários são aplicações financeiras de renda fixa que contemplam segurança, rentabilidade real e liquidez compatível com as suas necessidades de desembolso.

Os investidores com estas características são as entidades de previdência e as seguradoras, especialmente nas novas modalidades de seguro de vida com pecúlio.

Cada vez mais os gestores dessas instituições serão avaliados pelo seu desempenho de longo prazo, afastando-se das análises de curto prazo, suportadas tão-somente pelo valor presente de seus investimentos à taxa Selic. A necessidade de preservar o valor patrimonial das reservas técnicas das entidades de previdência privada implica manter-se desatrelado de problemas conjunturais do mercado financeiro, pelo menos para parte substancial dos ativos de investimento.

Os recebíveis de base imobiliária devidamente securitizados, com adequado *rating* e mecanismos de mitigação de risco são, no mundo todo, considerados títulos ideais para esta finalidade, pois são de longo prazo, têm sólida garantia imobiliária, podem ser indexados no mesmo indexador dos planos atuariais e rendem juros mais altos que o juro atuarial mínimo dessas instituições durante todo o período de investimento, garantindo *hedge* patrimonial e de caixa no longuíssimo prazo.

A experiência da securitização em ampla escala com recursos de fundos de previdência em alguns mercados emergentes nos quais a caderneta de poupança era incipiente ou pouco significativa levou até mesmo à eliminação deste instrumento como ocorreu, por exemplo, no Chile.

Já em países com tradição e grandes volumes de depósitos em caderneta de poupança, a antiga estrutura de financiamento imobiliário permaneceu atuando de forma complementar aos novos instrumentos e agentes. Nos Estados Unidos as *Savings and Loans* representam ainda 30% do mercado de crédito imobiliário, atuando junto com os novos agentes, os bancos hipotecários, os fundos de recebíveis, os bancos comerciais e os demais instrumentos e instituições deste enorme mercado de recebíveis, cuja liquidez das carteiras de longo prazo é garantida no mercado secundário, viabilizando desta forma a permanência das instituições que operam com caderneta de poupança.

A Lei nº 9.514, que criou o Sistema de Financiamento Imobiliário, alterou substancialmente o sistema de garantias reais imobiliárias do direito brasileiro, a ele acrescentando a propriedade fiduciária sobre bens imóveis e a titularidade fiduciária sobre direitos creditórios vinculados a alienação de imóveis.

O Sistema de Financiamento Imobiliário caracteriza-se pela desregulamentação, sustentando o seu funcionamento sobre as estruturas dos mercados financeiros e de capitais já existentes, não tendo sido criado qualquer órgão público. A lei estabelece novas modalidades contratuais e cria novos instrumentos de captação de recursos, compatíveis com a economia moderna, destacando-se:

a) regulamentação da alienação fiduciária de bens imóveis, oferecendo para o mercado uma alternativa para a hipoteca, como garantia de operações de financiamento imobiliário, em condições mais flexíveis e eficazes, quanto ao rito de execução da garantia quando necessário, o que, além de inibir a inadimplência, garante maior segurança para os investidores em títulos lastreados nesses créditos;

b) previsão de funcionamento de companhias securitizadoras, que tenham por finalidade específica a aquisição e a securitização de créditos imobiliários, mediante a colocação de títulos com circulação no mercado de capitais;

c) criação de um novo título de crédito, lastreado em créditos imobiliários, denominado certificado de recebíveis imobiliários — CRI, a ser emitido pelas companhias securitizadoras.

A criação da infra-estrutura legal, no entanto, não foi suficiente para quebrar a inércia do mercado, tendo sido emitidos até hoje pouco mais de R$ 800 milhões em certificados de recebíveis imobiliários — CRIs.

Os investidores internacionais, apesar das diversas incursões exploratórias ao mercado de crédito imobiliário, não se sentiram ainda completamente confortáveis com o risco cambial, o que tem inibido a realização de operações em escala maior que a de negócios de ocasião.

Os investidores domésticos, especialmente os fundos de pensão e as seguradoras, alegam como motivação para não adquirir CRIs em maior escala, o fato de não haver mecanismos de liquidez disponíveis no mercado.

De fato, não existe um mercado secundário organizado para CRIs, o que tem limitado a colocação primária desse tipo de papel. Como o volume de títulos em circulação no mercado é ainda pequeno, as instituições integrantes do sistema de distribuição do mercado de capitais ainda não desenvolveram as suas estruturas operacionais e as rotinas de negociação para esse mercado. Os investidores ressentem-se disso.

TENDÊNCIAS DE DESENVOLVIMENTO DO MERCADO DE SECURITIZAÇÃO

Embora as relações entre o mercado imobiliário e financeiro tenham se desenvolvido razoavelmente, a sua intercessão com o mercado de capitais ainda é bastante frágil.

Isso se deve ao desconhecimento, de parte a parte, dos mecanismos operacionais e legais que embasam a emissão dos títulos de base imobiliária, de um lado, e a rotina negocial que permeia o dia-a-dia do mercado de capitais, de outro, em especial as relações com os investidores.

A percepção de risco, retorno e liquidez, por parte dos investidores, terá de ser trabalhada pelas instituições do mercado, para o que é fundamental o volume de negócios atingir um tamanho mínimo que justifique os investimentos em termos de tempo e recursos dessas instituições para o seu adequado aparelhamento.

Para isso, estão sendo desenvolvidas, mais recentemente, diversas iniciativas visando o fomento do mercado primário e secundário de securitização, através do oferecimento de garantia de liquidez aos investidores primários, o que fortaleceria o elo entre os mercados financeiro, de capitais e imobiliário, através da criação de novos mecanismos operacionais para os seus membros.

Para isso, todos os participantes do novo mercado, instituições financeiras e não-financeiras, incorporadores, construtores, agências de *rating*, securitizadoras etc. estarão sujeitos aos novos paradigmas do mercado, onde a segurança das operações e a transparência das informações serão requisitos básicos para a sua participação no mercado.

A maior circulabilidade, seja dos CRIs, seja dos próprios recebíveis que lhes servirão de lastro, possibilitará vencer a inércia do primeiro bilhão de reais de créditos securitizados, estimulando as companhias securitizadoras a desenvolver programas de aquisição de recebíveis, a partir de condições preestabelecidas em contrato, sobretudo, de análise de crédito, como se vê no mercado americano.

Provavelmente os CRIs deverão apresentar as seguintes características:

1) tenham classificação de baixo risco, ou seja *rating investment grade*, conferido por agência de *rating* de reconhecida reputação;

2) que o lastro de cada emissão integre patrimônio em separado nas companhias securitizadoras;
3) que apresentem condições que garantam o equilíbrio atuarial dos investidores institucionais, foco inicial do sistema, especialmente no que se refere à indexação e remuneração mínima (IPCA ou IGP-M, preferencialmente);
4) tenham sido submetidos a uma estrutura de emissão que privilegie a segregação e mitigação de riscos e de conflitos de interesse entre as partes envolvidas, de modo a conferir ampla segurança aos investidores.

Efeitos secundários como padronização, educação dos participantes quanto a riscos de crédito, segurança, alocação de riscos e funções e transparência, que deverão ser obtidos também quando da adoção desse modelo, como nenhum outro teria capacidade de proporcionar. O mercado naturalmente será induzido a andar na direção certa, estimulado por interesse pessoal e privado, independentemente de acreditar ou não nos princípios desse mercado.

INSTRUMENTOS E VEÍCULOS PARA O MERCADO DE SECURITIZAÇÃO

Os certificados de recebíveis imobiliários — CRIs

O certificado de recebíveis imobiliários é um título de crédito caracterizado em lei, vinculado a um conjunto de financiamentos de longo prazo. Deve ser compatível com as características dos financiamentos que lhe tenham servido de lastro, em especial quanto aos montantes e os prazos contratados com os tomadores dos financiamentos.

O CRI é um título de crédito nominativo, de livre negociação, lastreado em créditos imobiliários, e constitui promessa de pagamento em dinheiro, sendo de emissão exclusiva das companhias securitizadoras.

O CRI poderá ter garantia flutuante, que lhe assegurará privilégio geral sobre o ativo da companhia securitizadora, mas não impedirá a negociação dos bens que compõem esse ativo.

É possível também o oferecimento de garantia adicional aos investidores, mediante a utilização da fidúcia sobre os créditos que venham a lastrear os CRIs, adotando-se, nesse caso, o regime fiduciário.

Para a emissão de CRIs, as companhias securitizadoras deverão cumprir uma rotina, com procedimentos padronizados, incluindo a lavratura de um termo de securitização de créditos imobiliários, que vinculará cada emissão de títulos, do qual constarão, obrigatoriamente, os elementos de identificação dos créditos imobiliários afetados aos títulos objeto da emissão, a saber:

a) a identificação do devedor e o valor nominal de cada crédito que lastreie a emissão, com a individuação do imóvel a que esteja vinculado e a indicação do Registro de Imóveis em que esteja registrado e respectiva matrícula, e, ainda, o número do registro do ato pelo qual o crédito foi cedido a securitizadora;
b) a identificação dos CRIs emitidos;
c) a constituição de outras garantias de resgate dos títulos.

Os fundos de recebíveis

Através da Resolução nº 2.907, de 29 de novembro de 2001, o Banco Central autorizou a constituição de fundos de investimentos em direitos creditórios, incluindo dentre os ativos a serem adquiridos pelo fundo os recebíveis imobiliários.

Assim, esses fundos passam a se constituir em mais um veículo para a realização de operações de securitização de créditos imobiliários no Brasil, eliminando a necessidade da intermediação de uma companhia securitizadora para a realização dos negócios.

A captação de recursos do público se dá através da aquisição de quotas do fundo, embora só possam se tornar quotistas investidores qualificados.

Os fundos de recebíveis devem ser administrados por uma instituição financeira e deverão ter sido aprovados pela CVM, para o que deverá ser seguido o roteiro estabelecido na Instrução CVM nº 356, de 17 de dezembro de 2001.

Não há ainda notícias disponíveis sobre fundos de recebíveis, especialmente imobiliários, que tenham sido constituídos até o momento.

Acredita-se que não será fácil a implantação desses fundos, em virtude do mercado ainda não dispor de oferta em volume suficiente de recebíveis com as características que deverão ser exigidas pelas políticas de investimento dos fundos.

As companhias securitizadoras

O mercado de securitização é ainda incipiente no Brasil, em fase de implantação, com pequeno volume de operações realizadas até o momento.

Foram constituídas, de acordo com as disposições da Lei nº 9.514/97, até o momento as seguintes companhias.

Cibrasec — Companhia Brasileira de Securitização, constituída por um grupo de bancos, em julho de 1997, realizou até o momento apenas operações com os seus sócios.

Rio Bravo — constituída em 1998, com a denominação inicial de Finpac, associada ao grupo Enhance/AGS, tendo o seu controle transferido para um grupo nacional, controlado por um ex-presidente do Banco Central, no ano de 2000.

Brazilian Securities — Companhia de Securitização, constituída em 2000, através da associação entre o grupo financeiro Ourinvest, que já opera uma companhia hipotecária, a Brazilian Mortgages — Companhia Hipotecária e a Rossi Residencial, a maior incorporadora de imóveis residenciais do país.

Possuem a prerrogativa da emissão de certificados de recebíveis imobiliários — CRIs, um título com menor flexibilidade que a letra hipotecária, porém com maior semelhança aos MBS (*Mortgage Backed Securities*), do mercado americano de hipotecas, o que deverá atrair a preferência dos investidores.

TIMBRE S/A ADMINISTRADORA DE RECEBÍVEIS

*Luciano de Burlet**

A Andima vem investindo, nos últimos cinco anos, no desenho, desenvolvimento e implementação do projeto Timbre. Trata-se de uma empresa que visa a fomentar o mercado de cessão de crédito com a introdução de mecanismos de segurança no controle e negociação dos recebíveis, liquidação financeira — tanto da cessão de crédito como do seu fluxo de caixa vincendo — e *disclosure* das informações a respeito da performance dos créditos. Em suma, a Timbre é uma empresa que administra recebíveis através de um sistema que integra registro e controle dos recebíveis ao ambiente de negociação e liquidação financeira.

A atividade de registro e controle dos recebíveis consiste em recepcionar créditos para gestão. Podem ser registradas listagens acompanhadas ou não de contratos físicos. A diferença se encontra no nível de exigência em relação à formalização dos contratos de crédito. Ao enviar os contratos físicos, a Timbre executa uma rotina de dupla veri-

---

*Andima — Associação Nacional das Instituições do Mercado Financeiro.

ficação dos contratos: se os dados do contrato físico estão de acordo com a listagem que deu origem ao registro e emissão do carnê; se a documentação acessória está acompanhada do contrato e se os dados e números estão de acordo com o que consta no contrato.

Se o comprador aceitar apenas listagem, estará confiando no cedente e na qualidade de originação, assumindo o risco de não existência da operação de crédito ou sua adequada formalização. Os contratos ficarão em poder do cedente ou alguém delegado por ele.

Em ambos os casos, a Timbre, após a confirmação da liquidação financeira da cessão de crédito, envia um arquivo para o banco cobrador, transferindo o registro da cobrança e direcionando o pagamento do fluxo de caixa para o cessionário

Ao utilizar o sistema de cessão de créditos da Timbre, cedente e cessionário estarão dispondo de uma ferramenta poderosa de seleção de contratos, e de análise de fluxo de caixa, bem como de simulação de taxas para auxiliar no processo de negociação.

A Timbre já funciona em condições de prestar serviços para os custodiantes de fundos de recebíveis, oferecendo segurança e transparência aos ativos do fundo.

ALGUMAS QUESTÕES JURÍDICAS

*Francisco Antunes Maciel Müssnich**

Alguns aspectos jurídicos devem ser destacados em relação aos temas neste Encontro:

PAINEL — *PROJECT FINANCE*

a) Em vigor desde 11 de janeiro de 2003, o novo Código Civil é confuso e ultrapassado na parte societária e empresarial. Além disso, os novos conceitos introduzidos nas relações contratuais, como por exemplo, o princípio da boa-fé objetiva, abriram a possibilidade de novas interpretações, criando enorme insegurança nas relações jurídicas, antes certas e consumadas. Adicionalmente, as significativas modificações implementadas com respeito às sociedades limitadas, que até então eram regulamentadas com simplicidade e inteligência, fizeram com que fosse perdida a maior e, talvez, mais significativa característica daquele tipo societário: a flexibilidade. Mais parecidas com

---
* Barbosa, Müssnich & Aragão.

as sociedades anônimas sem, contudo, o brilho da respectiva legislação, as limitadas foram transformadas em sociedades complexas, caras e burocráticas, também invadidas pela insegurança de uma lei flagrantemente pobre no que diz respeito à técnica societária.

b) O chamado *project finance* fundamenta-se na segmentação do risco de determinado empreendimento, de maneira que os investidores financeiros nele envolvidos possam escolher a parcela do risco e o respectivo retorno mais adequado à sua carteira de investimentos. É exatamente a possibilidade de escolha da parcela de risco a que se expõe o investidor que diferencia o *project finance* das operações financeiras tradicionais realizadas com base em garantias reais e performances financeiras. As instituições financeiras no país parecem não desfrutar do mesmo conceito de *project finance*, já que, em sua maioria, requerem dos investidores garantias até mesmo pessoais, as quais, não é preciso dizer, são incompatíveis com o *project finance* propriamente dito.

c) *Trusts* são entidades que têm como característica essencial a separação do controle e da propriedade, ou seja, quem investe seus ativos (dinheiro, títulos, imóveis, por exemplo) em um *trust*, deixa de ser o proprietário legal de tais ativos. Neste caso, a figura do *trustee* passa a ser responsável pela gerência desses bens, que deve ser realizada sempre em prol dos beneficiários, e com respeito às normas previstas no documento de constituição do *trust*, conhecido como *Deed of Trust*. A sugestão de criação deste instituto, tão amplamente difundido e utilizado no direito anglo-saxão, pela legislação brasileira, visa permitir maior agilidade na criação das estruturas que exigem a propriedade fiduciária.

d) A recém-publicada Instrução CVM n° 391/03 dispõe sobre fundos de investimentos em participações (FIP) que, através de uma estrutura bastante flexível, possibilitam o investimento de longo prazo em companhias abertas e fechadas, características típicas do investimento de *private equity*.
e) Apesar das vantagens introduzidas no mercado de capitais brasileiro através da criação de regras voltadas ao investimento do tipo *private equity*, três pontos fundamentais ainda merecem especial atenção:
- a criação de um sistema de normas contábeis que permita a precificação adequada dos ativos da carteira. Isto porque os ativos do fundo consistem de ações de companhias abertas e/ou fechadas e, tendo em vista que a regra geral é a baixa liquidez dessas ações, torna-se complicado proceder à precificação adequada;
- introdução de mecanismos que permitam o resgate compulsório de quotas, dentro de determinadas condições a serem estabelecidas no regulamento do fundo e/ou na legislação pertinente;
- criação de regra que proteja o administrador dentro do princípio do *business judgement*, visando, desta forma, a diminuição da vulnerabilidade dos citados administradores frente a mudanças políticas, econômicas etc. Isto porque, sendo o administrador responsável por todas as atividades do fundo, notadamente, a elaboração de demonstrações contábeis, o recebimento dos dividendos distribuídos pelas companhias investidas, fornecimento de informação aos quotistas etc., há que se garantir a estabilidade e a segurança necessárias para a gestão do fundo, compatíveis com as obrigações assumidas em função do referido cargo.

ALGUNS PONTOS IMPORTANTES PARA O DESENVOLVIMENTO DO MERCADO DE CAPITAIS

*Alvaro Bandeira**

Tenho uma visão muito otimista de mercado de capitais, até porque já esgotamos o processo de endividamento público, já esgotamos o processo de tributação, e a saída para o crescimento e desenvolvimento econômico, certamente, vai ter que passar pelo mercado de capitais. Gostaria de destacar alguns pontos importantes para o desenvolvimento do mercado de capitais, não obstante já estejam sendo certamente considerados pela CVM e no Plano Diretor do Mercado de Capitais:

a) registro simplificado e abertura de capitais, principalmente para as empresas de *venture capital* e *private equity*; redução de custos de abertura, publicação e registro de emissões, com uso muito forte de meios eletrônicos; estudar alguns estímulos à abertura de capital de empresas, como por exemplo, poder deduzir o dividendo do lucro tributável;

---

*Vice-presidente da Apimec Nacional — Associação dos Analistas e Profissionais em Investimento do Mercado da Capitais. Diretor da Corretora Ágora Senior.

b) simplificar o registro de operações e comitentes, visando reduzir os custos das corretoras que hoje trabalham com margens muito estreitas;
c) estabelecer tributação do imposto de renda declinante com o prazo das aplicações;
d) estimular o treinamento, a massificação de informações sobre o mercado de ações em todos os segmentos, aí incluir também o mercado de derivativos, que pouca gente domina.

Este livro foi impresso nas oficinas da
DISTRIBUIDORA RECORD DE SERVIÇOS DE IMPRENSA S.A.
Rua Argentina, 171 – Rio de Janeiro, RJ
para a
EDITORA JOSÉ OLYMPIO LTDA.
em maio de 2004

*

72º aniversário desta Casa de livros, fundada em 29.11.1931